新时代学校文化体系建设路径研究

——以重庆市九龙坡教育综合改革实验区为例

赵小红　王占旭　郭潇莹　刘晓楠◎等著

知识产权出版社
全国百佳图书出版单位
—北京—

图书在版编目（CIP）数据

新时代学校文化体系建设路径研究：以重庆市九龙坡教育综合改革实验区为例 / 赵小红等著 . —北京：知识产权出版社，2023.3
ISBN 978-7-5130-8689-9

Ⅰ.①新… Ⅱ.①赵… Ⅲ.①中小学—校园文化—建设—研究—重庆 Ⅳ.① G637

中国国家版本馆 CIP 数据核字（2023）第 041155 号

责任编辑：王颖超　　　　　　　　　　　　责任校对：潘凤越
封面设计：北京麦莫瑞文化传播有限公司　　责任印制：刘译文

新时代学校文化体系建设路径研究
——以重庆市九龙坡教育综合改革实验区为例

赵小红　王占旭　郭潇莹　刘晓楠　等著

出版发行	知识产权出版社有限责任公司	网　址	http://www.ipph.cn
社　址	北京市海淀区气象路 50 号院	邮　编	100081
责编电话	010-82000860 转 8655	责编邮箱	wangyingchao@cnipr.com
发行电话	010-82000860 转 8101/8102	发行传真	010-82000893/82005070/82000270
印　刷	三河市国英印务有限公司	经　销	新华书店、各大网上书店及相关专业书店
开　本	720mm×1000mm　1/16	印　张	10.75
版　次	2023 年 3 月第 1 版	印　次	2023 年 3 月第 1 次印刷
字　数	166 千字	定　价	68.00 元
ISBN 978-7-5130-8689-9			

前　言

2022 年 10 月 16 日上午，举世瞩目的中国共产党第二十次全国代表大会在北京人民大会堂隆重开幕。习近平总书记在党的二十大上所作的报告，是以中国式现代化全面推进中华民族伟大复兴的政治宣言，是一篇高屋建瓴、内涵丰富、思想深邃、意义重大的马克思主义纲领性文献。党的二十大报告指出，十年来，我们经历了对党和人民事业具有重大现实意义和深远历史意义的三件大事：一是迎来中国共产党成立 100 周年，二是中国特色社会主义进入新时代，三是完成脱贫攻坚、全面建成小康社会的历史任务，实现第一个百年奋斗目标。党的二十大明确，从现在起，中国共产党的中心任务就是团结带领全国各族人民全面建成社会主义现代化强国、实现第二个百年奋斗目标，以中国式现代化全面推进中华民族伟大复兴。党的二十大报告还从"实施科教兴国战略，强化现代化建设人才支撑"的高度，对"办好人民满意的教育"作出专门部署，强调了教育在全面建设社会主义现代化国家中的基础性、战略性支撑作用，为教育改革发展指明了方向。

党的二十大报告指出，当前，世界之变、时代之变、历史之变正以前所未有的方式展开。人类社会面临前所未有的挑战。文化是国家和民族之魂，也是国家治理之魂。当下，各种思想文化交流、交融、交锋更加频繁，文化软实力在综合国力竞争中的战略地位更加凸显。进入新发展阶段，统筹推进"五位一体"总体布局、协调推进"四个全面"战略布局，文化是重要内容，必须把文化建设放在全局工作的突出位置。学校文化是社会文化的亚文化，是推动学校教育发展的根本动力。学校文化体系建设是文化建设的重要组成部分，加强学校文化体系建设研究，推进学校文化体系建设，是贯彻落实党的二十大精神"推进文化自信自强，铸就社会主义文化新辉煌"的重要内容，是建设高质量教育体系的迫切需要，也是区域教育创新发展的心声。

中国教育科学研究院与重庆市九龙坡区的正式合作开始于2012年，第一轮合作成效明显，第二轮合作开始于2017年底。从时间上可以看出，院区合作的大背景正好赶上党和国家事业取得历史性成就、发生历史性变革的这十年。2012年，党的十八大召开。从党的十八大开始，中国特色社会主义进入新时代。2017年，党的十九大召开。党的十九大作出我国社会主要矛盾已经转化为人民日益增长的美好生活需要和不平衡不充分的发展之间的矛盾等重大政治论断，确立了习近平新时代中国特色社会主义思想的历史地位。党的十八大以来，以习近平同志为核心的党中央始终把教育摆在优先发展的战略位置，坚持以人民为中心发展教育，在幼有所育、学有所教、弱有所扶上持续用力，建成世界上规模最大的教育体系，教育普及水平实现历史性跨越，教育面貌发生格局性变化。本书以中国教育科学研究院与重庆市九龙坡区开展的学校文化体系建设第二轮合作为基础，由院区双方合作，组建研究团队，聚焦新时代学校文化体系建设的现状与问题，探讨新时代促进学校文化体系建设的新路径，希望对新时代推动全国学校文化体系建设有所裨益。

本书主要特色如下。

一是可视化分析学校文化建设研究的前沿。本书对国内外学校文化建设相关研究文献进行了系统梳理，并进行了可视化分析与核心观点概述。国际与国内相关研究者对中小学阶段的学校文化建设保持着较高热度，国内的研究方法以非实证研究的理论思辨为主，实证研究较少，国际上的研究方法则较为多样，实证研究居多。

二是基于实证，分析学校文化体系建设状况。本书以重庆市九龙坡区参加学校文化体系建设项目的29所中小学（含职业高中）的管理者和专任教师为对象，通过调查研究考察了教师视域下学校文化体系建设的现状、特征及面临的问题。例如，研究发现29所项目学校的文化体系建设总体较好，但精神文化建设相对薄弱；建校时长、学校类型、城乡分布等对学校文化体系建设有所影响；学校场地设备受限、经费制约、专家指导不足是学校文化体系建设面临的三大问题。

三是基于研究，总结智库与地方合作推动区域学校文化体系建设的路径。中国教育科学研究院与重庆市九龙坡区合作推进的学校文化体系建设项目遵循"自上而下"与"自下而上"相结合的路径展开，主要举措是做好顶层设计、健全保障机制、发挥专家引领作用、开展联盟互助。其中的"自上而下"强调，九龙坡区的学校文化体系建设是在区委、区政府的领导与专家组的支持下，由教育行政部门发布文件，以项目形式有组织且有指导地推进实施；"自下而上"强调，项目学校结合需求自主申报，且在实践中积极发挥主动性与创造性，带动辐射区域学校文化体系建设水平整体提升。

四是兼顾特色，分享新时代学校文化体系建设典型案例。近五年来的院区合作促进了区域学校文化体系建设水平整体提升，也促进了区域学校文化的特色发展与教育质量的整体提升。限于篇幅，本书仅分享了六个案例，即重庆市育才中学校的"行知文化"、重庆市杨家坪中学的"大成教育"、重庆市九龙坡职业教育中心的"智德文化"、重庆市外国语学校森林小学的"绿色文化"、重庆市九龙坡区实验一小教育集团的"归原文化"、重庆市九龙坡区华福小学的"幸福教育"，希望能为更多的中小学开展学校文化体系建设提供参考。

五是基于反思，探讨新时代学校文化体系建设的特征与进路。高质量教育体系的建设离不开先进的学校文化引领。习近平新时代中国特色社会主义思想为学校文化体系建设提供了根本遵循，教育改革纵深发展为学校文化体系建设深入推进提出了新的要求，而如何在百年变局与价值观冲突更加复杂的当下发挥社会主义核心价值观的引领作用，如何提升学校文化体系建设的自觉性与水平，需要每一所学校行动起来并深刻反思。本书认为，新时代的学校文化体系建设要把握以下三个关键点，即以办学理念为核心的精神文化建设是重难点，以校本课程构建与实施为核心的课程文化建设是增长点，在校长引领下的教师团队是生力军；要做好以下三个方面，即发挥智库的支撑引领作用，发挥地方内生动力，加强学校党建，这三个方面也是新时代学校文化体系建设的重要特征。基于上述分析，本书提出推进新时代学校文化体系建设的两点建议：一是坚持系统思维，以精神文化建设统领学校文化体系建设；二是坚持自力更生，以专家外力引领助推地方学校文化体系建设。

由于作者水平有限，书中难免存在错误与不足，敬请批评指正。

课题组

2022 年 10 月

目　录

第一章 绪 论

高质量教育体系的建设离不开先进的学校文化引领。习近平新时代中国特色社会主义思想为学校文化体系建设提供了根本遵循，教育改革纵深发展为学校文化体系建设深入推进提出了新的要求，而如何在百年变局与价值观冲突更加复杂的当下发挥社会主义核心价值观的引领作用，如何提升学校文化体系建设的自觉性与水平，需要每一所学校行动起来并深刻反思。

一、研究背景

当下，我们身处一个转型中的世界，我们面临一个充满不确定性的时代。放眼国际，2022 年 9 月联合国开发计划署发布《2021/2022 年人类发展报告》，主题为"不确定的时代，不稳定的生活：在转型的世界中塑造我们的未来"。30 多年来，联合国开发计划署一直用人类发展指数来衡量一个国家的健康、教育和生活水平。这次发布的报告指出，不确定性因素正在层层累积，相互作用，并以前所未有的方式加剧了全球的动荡与生活的不安定。2022 年，全球人类发展指数首次出现连续两年下降的情况。可持续发展目标进程出现逆转，人类发展已倒退至 2016 年的水平。[1] 广大发展中国家在新冠疫情和全球通胀等挑战面前更具脆弱性。值得一提的是，我国的人类发展指数由 2019 年的 0.761 提升至 0.768，指数排名也从第 85 位跃至第 79 位。近年来，我国提出并积极践行全球发展倡议，在减贫脱贫、粮食安全、抗疫

---

[1] 相欣奕. 解读《联合国人类发展报告》：人类的未来会好吗？［EB/OL］.（2022-09-16）［2022-10-16］. https://baijiahao.baidu.com/s?id=1744054523457901362&wfr=spider&for=pc.

和疫苗、发展筹资、气候变化和绿色发展、工业化、数字经济、数字时代互联互通等重点领域积极行动，为世界注入稳定性和正能量。面对不确定性，需要明智的决策和包容的技术，其中，多种形式的创新，尤其是技术、经济、文化等领域的创新对于应对人类将面临的未知挑战至关重要。

聚焦国内，党的十八大以来，以习近平同志为核心的党中央高度重视文化建设，坚定文化自信，紧紧围绕社会主义文化强国建设目标，围绕举旗帜、聚民心、育新人、兴文化、展形象的使命任务，以人民为中心推动社会主义文化繁荣发展，推动文化建设取得历史性成就。例如，思想理论武装不断强化，全党全国人民信仰信念不断坚定；中华优秀传统文化创造性转化、创新性发展成果丰硕；现代公共文化服务体系日趋完善；艺术创作持续繁荣，《长津湖》《山海情》《万里归途》等优秀影视作品广受好评；北京冬奥会、冬残奥会胜利举办，北京成为全球首个"双奥之城"，三亿人参与冰雪运动成为现实，冬奥遗产成果丰硕，为动荡不安的世界带来了信心和希望，向世界发出了"一起向未来"的时代强音；培育和践行社会主义核心价值观，增强中国特色社会主义事业凝聚力和感召力，航天员群体、敦煌研究院文物保护利用群体、国家援鄂抗疫医疗队、黄文秀等一批批时代楷模彰显中国人的良好精神风貌，中国女排、朱彦夫、黄旭华、张桂梅等一批批令人感动的人物与团队汇聚中国人的精神史诗，于敏、张富清、袁隆平、屠呦呦、钟南山等一批批为共和国建设和发展作出巨大贡献的共和国勋章获得者，为时代标注崇高榜样坐标，引领亿万人民见贤思齐，踔厉奋发，笃行不怠。

（一）把握新时代学校文化体系建设的机遇

2017 年，党的十九大胜利召开。党的十九大根据新的发展形势和时代要求，既明确要全面建成小康社会、实现第一个百年奋斗目标，又提出乘势而上开启全面建设社会主义现代化国家新征程，向第二个百年奋斗目标进军。"十四五"时期是我国在全面建成小康社会基础上开启全面建设社会主义现代化国家新征程的第一个五年，也是推进社会主义文化强国建设、创造光耀时代、光耀世界的中华文化的关键时期。

1.习近平新时代中国特色社会主义思想为学校文化体系建设供了根本遵循

文化是国家和民族之魂，也是国家治理之魂。没有社会主义文化繁荣发展，就没有社会主义现代化。党的十九大确立了习近平新时代中国特色社会主义思想的历史地位，明确指出：习近平新时代中国特色社会主义思想，是对马克思列宁主义、毛泽东思想、邓小平理论、"三个代表"重要思想、科学发展观的继承和发展，是马克思主义中国化最新成果，是党和人民实践经验和集体智慧的结晶，是中国特色社会主义理论体系的重要组成部分，是全党全国人民为实现中华民族伟大复兴而奋斗的行动指南，必须长期坚持并不断发展。大会用"八个明确"和"十四个坚持"，全面论述了习近平新时代中国特色社会主义思想的科学内涵与实践要求。关于文化与文化建设，习近平总书记还深刻阐述了其地位作用，深刻阐明了在新时代以什么样的立场和态度对待文化、用什么样的思路和举措发展文化、朝着什么样的方向和目标推进文化建设等重大问题。上述思想为推动社会主义文化繁荣兴盛、建设社会主义文化强国提供了根本遵循。《"十四五"文化发展规划》中明确指出，进入新发展阶段，统筹推进"五位一体"总体布局、协调推进"四个全面"战略布局，文化是重要内容，必须把文化建设放在全局工作的突出位置，更加自觉地用文化引领风尚、教育人民、服务社会、推动发展。贯彻新发展理念，构建新发展格局，推动高质量发展，文化是重要支点。❶

学校文化是整个文化的一部分，是社会文化的亚文化。学校文化体系建设是文化建设的重要组成部分。在习近平新时代中国特色社会主义思想指导下，研究学校文化体系建设现状、问题与路径，加强学校文化体系建设，是新时代推进文化自信自强的迫切需要，也是提升国家文化软实力的重要方面。

2.教育改革纵深发展为学校文化体系建设深入推进提出了新的要求

教育改革步入高质量教育体系建设新阶段。改革开放40多年来，我国

---

❶ 中共中央办公厅，国务院办公厅."十四五"文化发展规划［EB/OL］.（2022-08-16）［2022-10-16］.http://www.gov.cn/zhengce/2022-08/16/content_5705612.htm.

确立教育优先发展的战略地位，教育事业发展取得历史性成就，总体水平跃居世界中上行列，教育投入实现历史性跨越。党的十八大以来，习近平总书记高度重视教育工作，围绕培养什么人、怎样培养人、为谁培养人这个根本问题，就教育改革发展提出一系列新理念、新思想、新观点，为新时代教育指明了前进方向、提供了根本遵循。2017 年，党的十九大报告作出了优先发展教育事业、加快教育现代化、建设教育强国的重大部署。这是对中国特色社会主义教育事业规律性认识的深化，也为"十四五"时期我国教育事业改革和发展明确了方向。2018 年，党中央召开全国教育大会，以习近平新时代中国特色社会主义思想为指引，谋划教育改革发展的宏伟蓝图。2021 年全国教育工作会议指出，我国教育进入整体抓质量的新阶段，是教育工作重心的又一次历史性战略转移，高质量成为教育工作的主要目标要求和衡量标准。推进高质量发展，落实立德树人根本任务，培养德智体美劳全面发展的社会主义建设者和接班人，要以改革创新为根本动力。2021 年 3 月发布的《中华人民共和国国民经济和社会发展第十四个五年规划和 2035 年远景目标纲要》提出"建设高质量教育体系"，并从推进基本公共教育均等化、增强职业技术教育适应性、提高高等教育质量、建设高素质专业化教师队伍、深化教育改革诸方面为建设高质量教育体系进行了部署。2022 年 10 月，党的二十大报告强调实施科教兴国战略，提出办好人民满意的教育，全面贯彻党的教育方针，落实立德树人根本任务，培养德智体美劳全面发展的社会主义建设者和接班人，加快建设高质量教育体系，发展素质教育，促进教育公平。相关新理念、新战略、新部署为新时代更好发挥教育在全面建设社会主义现代化国家中的基础性、战略性支撑作用指明了方向。

聚焦立德树人根本任务，系列政策为建设高质量教育体系护航。从学前教育到高等教育，从法律法规到专项意见乃至总体方案，凸显"改革""质量""评价""双减""现代化"等关键词的系列重磅政策引领教育改革纵深发展。2021 年，《中华人民共和国教育法》修订通过，其中修订的五个条款，丰富了教育的指导思想、凸显了教育的重要地位、完善了教育方针、充实了教育内容，健全了"培养什么人、怎样培养人、为谁培养人"的法律规范和制度要求，对构建德智体美劳全面培养的教育体系、推动教育高质量发展意义重大。❶ 此次教育法的修订，标志着我国教育工作进入全面依法治教的新阶段。此外，从 2016 年到 2020 年，党中央、国务院印发 46 份关于教育的重要文件，是历史上中央给教育系统发文最密集的阶段。❷ 2018 年，中共中央、国务院发布《关于学前教育深化改革规范发展的若干意见》。2019 年，中共中央、国务院发布《关于深化教育教学改革　全面提高义务教育质量的意见》，国务院办公厅发布《关于新时代推进普通高中育人方式改革的指导意见》，教育部发布《关于深化本科教育教学改革　全面提高人才培养质量的意见》。此外，2019 年，中共中央、国务院还印发了《中国教育现代化2035》，其中聚焦教育发展的突出问题和薄弱环节，立足当前，着眼长远，提出大力推进教育理念、体系、制度、内容、方法、治理现代化，部署了面向教育现代化的十大战略任务。2020 年，中共中央、国务院印发《深化新时代教育评价改革总体方案》，以立德树人为主线，以破"五唯"（唯分数、唯升学、唯文凭、唯论文、唯帽子）为导向，分类分层提出教育评价改革措施，对于培养德智体美劳全面发展的社会主义建设者和接班人具有重大意义。"十四五"开局以来，聚焦高质量教育体系建设，重量级政策频现，充分体现了党中央优先发展教育的坚定决心。2021 年，中共中央办公厅、国务院办公厅印发《关于推动现代职业教育高质量发展的意见》，教育部等六部门印发《义务教育质量评价指南》，中共中央办公厅、国务院办公厅印发《关于进一步减轻义务教育阶段学生作业负担和校外培训负担的意见》，简称"双减"政策。

教育改革纵深推进过程中，新的教育理念不断涌现，为学校文化体系完善提供了肥沃的土壤，反过来，也迫切需要学校文化建设不断加强，从而引领教育改革深入发展。国家出台的相关政策多次强调，要强化学校文化的

---

❶　教育部办公厅.关于学习宣传贯彻实施新修订的教育法的通知［EB/OL］.（2021-05-18）［2022-09-16］. http://www.moe.gov.cn/srcsite/A02/s5913/s5933/202105/t20210525_533447.html.

❷　中共教育部党组.扎实推进教育高质量发展　加快建设教育强国［EB/OL］.（2021-06-09）［2022-09-16］. https://www.enaea.edu.cn/xkb/zxdt/2021-06-28/90743.html.

引领作用，大力构建积极向上、奋发有为、团结和谐、富有特色的学校文化，并通过校园环境建设和深度文化活动增强学校文化的感染力和凝聚力。例如，2006年，教育部发布的《关于大力加强中小学校园文化建设的通知》提出，校园文化是学校教育的重要组成部分，是全面育人不可或缺的重要环节，是展现校长教育理念、学校特色的重要平台，是规范办学的重要体现，也是德育体系中亟待加强的重要方面。强调加强校园文化建设是一个系统工程，也是一个不断推进、长期积累的过程。❶2014年，教育部发布的《关于培育和践行社会主义核心价值观进一步加强中小学德育工作的意见》提出，改进文化育人，各级教育部门和中小学校要挖掘地域历史文化传统，因地制宜开展校园文化建设，将社会主义核心价值观融入校园物质文化、精神文化、制度文化、行为文化之中。要加强校风、班风、学风建设，组织开展丰富多彩、生动活泼的文艺活动、体育活动、科技活动，支持学生社团活动，充分利用板报、橱窗、走廊、校史陈列室、广播电视网络等设施，营造体现主流意识、时代特征、学校特色的校园文化氛围。❷2017年教育部发布的《中小学德育工作指南》提出，要依据学校办学理念，结合文明校园创建活动，因地制宜开展校园文化建设，使校园秩序良好、环境优美，校园文化积极向上、格调高雅，提高校园文明水平，使校园处处成为育人的场所。❸此外，2013年，中共中央办公厅印发的《关于培育和践行社会主义核心价值观的意见》提出，要把社会主义核心价值观要求体现到经济建设、政治建设、文化建设、社会建设、生态文明建设和党的建设各领域，强调要注重发挥校园文化的熏陶作用，加强学校报刊、广播电视、网络建设，完善校园文化活动设施，重视校园人文环境培育和周边环境整治，建设体现社会主义特点、

---

❶ 教育部.教育部关于大力加强中小学校园文化建设的通知［EB/OL］.（2006-04-25）［2022-09-16］.http://www.moe.gov.cn/s78/A06/s7053/201410/t20141021_178233.html.

❷ 教育部.教育部关于培育和践行社会主义核心价值观进一步加强中小学德育工作的意见［EB/OL］.（2014-04-03）［2022-09-16］.http://www.moe.gov.cn/srcsite/A06/s3325/201404/t20140403_167213.html.

❸ 教育部.教育部关于印发《中小学德育工作指南》的通知［EB/OL］.（2017-08-22）［2022-09-16］.http://www.moe.gov.cn/srcsite/A06/s3325/201709/t20170904_313128.html.

时代特征、学校特色的校园文化。❶2019 年，中共中央、国务院发布的《关于深化教育教学改革全面提高义务教育质量的意见》明确指出，坚持"五育"并举，深化课程育人、文化育人、活动育人、实践育人、管理育人、协同育人等要求。❷2019 年中共中央、国务院印发的《中国教育现代化 2035》中也强调，"大力推进校园文化建设"是"发展中国特色世界先进水平的优质教育"这一重要战略任务的关键着力点。❸总之，系列政策要求，加强学校文化体系建设，引领教育改革深入发展。

3. 区域学校文化体系建设带动全国学校文化建设再上新的台阶

近年来，北京、上海、浙江等地均加大了学校文化建设力度，其中行政推动与引领特征比较突出。例如，2013 年，北京市教育委员会办公室发布《关于在我市中小学开展学校文化建设示范校创建活动的通知》，提出学校文化建设示范校创建活动有利于将社会主义核心价值体系融入教育教学全过程，为学生健康成长创设良好氛围；有利于推动学校文化的传承与发展，提升学校办学品质，带动和辐射学校周边社区文化建设。并要落实"十二五"提出的关于"加强校园文化建设，评选 500 所中小学校园文化建设示范校"的要求。❹在推进中小学学校文化建设示范校创建工作中，北京市教委研究出台了一系列文件，引导学校坚持文化育人导向，聚焦育人目标开展文化建设，在全面贯彻落实国家教育方针的基础上，立足学校实际，进一步明确和具化学校育人目标，凝练学校核心价值观，规划学校精神文化、制度文化、行为文化和物质文化的建设路径，促进学校内涵发展和育人质量提升，❺对全

---

❶ 中共中央办公厅 . 关于培育和践行社会主义核心价值观的意见［EB/OL］.（2013−12−24）［2022−09−16］. http://politics.people.com.cn/n/2013/1224/c1001−23925470.html.

❷ 中共中央，国务院 . 中共中央 国务院关于深化教育教学改革全面提高义务教育质量的意见［EB/OL］.（2019−06−23）［2022−09−16］. http://www.moe.gov.cn/jyb_xxgk/moe_1777/moe_1778/201907/t20190708_389416.html.

❸ 中共中央，国务院 . 中共中央、国务院印发《中国教育现代化 2035》［EB/OL］.（2019−02−23）［2022−09−16］. http://www.moe.gov.cn/jyb_xwfb/s6052/moe_838/201902/t20190223_370857.html.

❹ 北京市教育委员会办公室 . 北京市教育委员会办公室关于在我市中小学开展学校文化建设示范校创建活动的通知［EB/OL］.（2013−10−10）［2022−09−16］. https://www.lawxp.com/statute/s1742659.html.

❺ 张凤华 . 价值引领 文化立校：记北京市"中小学学校文化建设示范校创建"活动［J］. 北京教育（普教版），2016（2）：7−9.

国中小学学校文化建设起到很好的示范和引领作用。

九龙坡地处历史文化名城重庆，深厚的历史文化底蕴为学校文化的生长提供了肥沃的土壤。中国教育科学研究院在与重庆市九龙坡区 2012 年开启的第一轮合作中，学校文化体系建设取得了明显成效。第二轮合作自 2017年底开展以来，在党的十九大精神指引下，以立德树人为根本任务，坚持育人为本的核心理念和价值取向，确立了构建扎根传统、立足现实、面向未来的学校文化基本体系的目标，明晰了学校文化体系建设的科学路径，希望通过扎实的学校文化体系建设，进一步激发区域内中小学校创新创造活力，进一步带动区域教育质量整体提升。

（二）迎接新时代学校文化体系建设的挑战

1. 如何在百年变局与价值观冲突更加复杂的当下发挥社会主义核心价值观的引领作用

当今世界，百年变局正在加速演进，人类面临着越来越突出的治理赤字、信任赤字、发展赤字、和平赤字。国际形势深刻复杂演变，百年变局和世纪疫情交织。不同的社会，政策、制度不同，背景、文化和行为不同，人的身份、价值观和信仰不同，不确定性的尺度、速度、未知的相互作用和后果都不同，这就使世界各地不同社会发展路径变得多样化。❶ 主动适应并有目的地调整经济和社会发展方式，以缓解全球压力并促进包容、推进发展、变得尤为重要。

世界多极化、经济全球化、社会信息化、文化多样化深入发展，全球治理体系和国际秩序变革加速推进，世界各国人民的命运从未像今天这样紧密相连。同时，全球安全形势日益严峻，地区安全热点此起彼伏，全球动荡源和风险点明显增多。单边主义、霸权主义、强权政治威胁上升，一些国家固守冷战思维，大搞排他性"小集团"，执意挑起集团对抗，刻意制造矛盾冲突，世界面临分裂对抗的现实风险。人类需要携手应对挑战，守护共同

---

❶ 相欣奕. 解读《联合国人类发展报告》：人类的未来会好吗？［EB/OL］.（2022-09-16）［2022-10-16］. https://baijiahao.baidu.com/s?id=1744054523457901362&wfr=spider&for=pc.

家园。❶

　　当前，新时代中国的价值观冲突呈现复杂化的新态势，这不仅表现为时间维度的传统、现代、后现代价值观及改革开放前后社会主义价值观的深度交织，也表现为空间维度的中西价值观和国内不同的地域、阶层、群体价值观的深度碰撞。例如，社会转型视域中"一元"与"多元"的冲突、集体主义与个人主义的冲突、理想价值观与世俗价值观的冲突、精神导向价值观与物质导向价值观的冲突等。❷ 上述价值观冲突在学校层面、家庭层面也以多种方式存在，影响着教师、中小学生及家长的人生观、世界观与价值观的形成，也影响着学校文化的建设。人类生活方式的多样性决定了人类文化的多样性。面对这一历史境遇，要实现中华民族伟大复兴的中国梦，就应在海纳百川中发扬光大中华文化，就要在新时代进一步培育和践行社会主义核心价值观，处理好"一元"与"多元"的关系、继承与创新的关系、理论与实践的关系，并为世界文化多样化发展作出贡献。

　　核心价值观是文化软实力的灵魂、文化软实力建设的重点。社会主义核心价值观是社会主义核心价值体系的内核，体现社会主义核心价值体系的根本性质和基本特征。党的十八大提出：倡导富强、民主、文明、和谐，倡导自由、平等、公正、法治，倡导爱国、敬业、诚信、友善，积极培育和践行社会主义核心价值观。党的十九大提出：要以培养担当民族复兴大任的时代新人为着眼点，强化教育引导、实践养成、制度保障，发挥社会主义核心价值观对国民教育、精神文明创建、精神文化产品创作生产传播的引领作用，把社会主义核心价值观融入社会发展各方面，转化为人们的情感认同和行为习惯。党的二十大进一步指出：我们要坚持马克思主义在意识形态领域指导地位的根本制度，坚持为人民服务、为社会主义服务，坚持百花齐放、百家争鸣，坚持创造性转化、创新性发展，以社会主义核心价值观为引领，发展社会主义先进文化，弘扬革命文化，传承中华优秀传统文化，满足人民日益

---

❶　徐步.共同维护世界和平安宁［EB/OL］.（2022-08-30）［2022-09-16］. https：//m.gmw.cn/baijia/2022-08/30/35987770.html.

❷　秦慧源.新时代中国的价值观冲突及其超越［J］.东南学术，2018（6）：10-17.

增长的精神文化需求，巩固全党全国各族人民团结奋斗的共同思想基础，不断提升国家文化软实力和中华文化影响力。

在这一大背景下，我们要反思：面对百年变局，学校在缓解全球压力并促进包容、发展、和平及全球信任体系重建方面可以做点什么？面对纷繁复杂的信息与新旧理念的碰撞，学校如何做出正确的判断、选择、行动，对外来文化能取其精华、弃其糟粕，对中华优秀传统文化能在继承中发扬与创新？如何将社会主义核心价值观融入学校文化建设？如何引导师生践行社会主义核心价值观？如何通过学校文化建设影响与引领社会文化建设？如何讲好中国学校文化建设故事，促进人类社会文明发展？等等。

2. 如何在学校文化体系建设不平衡、不充分的背景下坚持文化建设的自觉性

在实践中，学校的文化体系建设状况不平衡、不充分，存在区域差异、城乡差异、校际差异等问题。有些学校自觉制定学校文化体系建设规划，积极开展学校文化体系建设，形成了有特色的学校文化。有些学校在学校文化体系建设中重硬件、轻软件，重局部、轻整体，重行为、轻规划。有些学校办学理念不科学，育人目标不清晰，管理制度不健全。这些问题在一定程度上偏离了学校文化体系的本质和科学内涵，不利于学校健康持续发展。也有的校长与教师把学校教育工作和学校文化完全当作互不相干的两件事，认为学校文化创建是多余工作，没有将学校文化理解为学校的教育生活本身，没有把学校文化看作提升教育质量与办学水平的内在的、必要的环节。[1] 针对上述情况，学校要反思：新时代我们应该建设什么样的学校文化？我们要如何建设学校文化？

---

[1] 高益民. 学校文化凝炼 [M]. 北京：教育科学出版社，2013：3.

二、研究意义

（一）理论意义

基于中小学学校文化建设的文献研究、地方实践以及中小学学校文化体系建设调查研究等，总结新时代中小学学校文化体系建设的经验与特征，反思存在的问题，可进一步丰富学校文化体系建设及文化建设的相关理论，并为同行研究者开展学校文化体系相关研究提供新的视野与思路。

（二）实践意义

通过加强中小学学校文化体系建设研究，系统总结区域开展学校文化体系建设的典型经验，一方面，可为学校管理者与教师反思与完善学校文化体系建设提供指导；另一方面，可为全国学校文化体系建设提供地方样本，切实推动各地学校文化体系建设实践。此外，相关研究既有数据支撑，又有国际视野，可为国家及地方完善学校文化体系建设相关政策提供决策依据。

三、核心概念界定

（一）文化与亚文化

1. 文化

学者们从各自学术立场和观察角度出发，对文化进行了丰富的定义。如爱德华·泰勒（Edward Tylor）认为，所谓文化乃是包括知识、信仰、道德、法律、习惯以及其他人类作为社会成员而获得的种种能力习性在内的一种复合整体。❶ 迪尔（Deal）和彼得森（Peterson）认为，文化包含了六种核心要素：共同的目标和使命；规范、价值观、信念和假设；仪式、传统和典礼；

---

❶ 爱德华·泰勒.原始文化［M］.连树声，译.上海：上海文艺出版社，1992：1.

历史和故事；人物和关系；建筑、文物及标志。❶尽管文化包罗万象，但大致可归纳出三个构成方面：一是观念形态，如人们的世界观、价值观、宗教信仰等；二是物化产品，包括透过物质形式能反映人类精神世界变迁和人们观念差异的产品等；三是生活方式，如衣食住行、婚丧嫁娶等。文化是人类创造出来的，文化是多样的。

在《心理学辞典》中，文化的定义如下：广义的文化指人类在社会实践过程中所获得的物质、精神的生产能力和创造的物质、精神财富的总和。狭义的文化指精神生产能力和精神产品，包括一切社会意识形式。文化有时又专指教育、科学、文学、艺术、卫生、体育等方面的知识与设施。作为一种历史现象，文化的发展有历史的继承性；在阶级社会中，又具有阶级性，同时也具有民族性、地域性。不同民族、不同地域的文化形成了人类文化的多样性。❷

2. 亚文化

在《心理学辞典》中，亚文化的定义如下：亦称"集体文化""副文化"，与主文化相对应的非主流的、局部的文化现象。亚文化是在主文化或综合文化的背景下，属于某一区域或某个集体所特有的观念和生活方式，不仅包含着与主文化相通的价值与观念，也有属于自己的独特的价值与观念。亚文化是一个相对的概念，是总体文化的次属文化。❸

（二）学校文化

学校文化是一种亚文化。学者谢翌、马云鹏认为，从观察维度看，学校文化是一个不可分割的意义整体，是一座冰山，冰山显性的部分为可观察与测量的做事方式、学校标语、制度规范及建筑布置等，半隐半显的部分为学

---

❶ DEAL T E，PETERSON K D. Shaping School Culture：The Heart of Leadership［M］. San Francisco：Jossey-Bass Publishers，1999：15-58.

❷ 杨治良，郝兴昌. 心理学辞典［Z］. 上海：上海辞书出版社，2016：530.

❸ 杨治良，郝兴昌. 心理学辞典［Z］. 上海：上海辞书出版社，2016：531.

校传统，更深层次的隐性成分是学校成员共享的价值观与信念等。❶

顾明远先生认为，学校文化是经过长期发展历史积淀而形成的全校师生（包括员工）的教育实践活动方式及其所创造的成果的总和。这里面同样包含了物质层面（校园建设）、制度层面（各种规章制度）、精神层面和行为层面（师生的行为举止），而其核心是精神层面中的价值观念、办学思想、教育理念、群体的心理意识等。❷

本研究主要采取顾明远先生对学校文化所下的定义，同时认为学者们关于学校文化冰山理论的观点对于研究与开展学校文化体系建设有非常重要的指导作用。

---

❶ 谢翌，马云鹏.重建学校文化：优质学校建构的主要任务［J］.华东师范大学学报（教育科学版），2005（1）：7-15.

❷ 顾明远.论学校文化建设［J］.西南大学学报（人文社会科学版），2006（5）：67-70.

第二章　基于国内期刊文献分析
学校文化建设研究进展

本章通过中国知网数据库，重点检索了 2000 年以来国内期刊中有关中小学学校文化建设研究文献。总体而言，2000 年以来，研究者对中小学阶段的学校文化建设保持着较高热度；研究方法以非实证研究的理论思辨为主，实证研究较少；研究对象主要聚焦普通中小学，少量研究涉及职业高中和中等职业技术学校；并且，研究对象也呈现区域差异，城市中小学学校文化建设研究占据主导地位，而乡村学校文化建设研究较少。其研究内容主要包括学校文化建设的内容、学校文化评估、学校文化建设与校长、学校文化建设的问题与提升路径等。建议未来综合使用质性研究和量化研究方法，对教师、学生、家长、教育行政人员等多个群体进行全面、系统调研，深入探究学校文化建设相关议题。

一、引言

何谓"文化"？爱德华·泰勒在《原始文化》中指出，所谓文化乃是包括知识、信仰、道德、法律、习惯以及其他人类作为社会成员而获得的种种能力习性在内的一种复合整体。❶迪尔和彼得森认为，文化由以下六种核心要素组成，分别为：共同的目标和使命；规范、价值观、信念和假设；仪

---

❶ ［英］爱德华·泰勒. 原始文化［M］. 连树声，译. 上海：上海文艺出版社，1992：1

式、传统和典礼；历史和故事；人物和关系；建筑、文物和标志。❶由此可见，其指出了文化的内在结构及其层次性。学校文化是社会文化的重要组成部分，很长一段时间内研究者围绕着什么是学校文化做了大量的探讨和分析，总体上可以分为以下两种模型：洋葱模型和冰山模型。张东娇对学校文化的界定即为洋葱模型，认为学校文化是学校全体成员共同创造和经营的文明、和谐、美好的教育生活方式，是学校核心价值观及其指导下的行为方式和物质形式的总和，包括学校精神文化、制度文化和物质文化。精神文化即学校办学理念体系，也称学校核心价值体系，包括学校核心价值观和校训、育人目标和办学目标、校徽和校歌等要素；学校制度文化、行为文化和物质文化合成学校办学实践体系，包括教师文化、学生文化、课程文化、课堂文化、党建文化、管理文化、公共关系文化和空间环境文化，覆盖学校全部的教育生活。❷按照冰山模型划分，学校文化包括显性文化和隐性文化。显性文化（如文本、作品、活动）的特性在于可充分言说性和可见性，而隐性文化（如人际关系、能力、意会）具有无法充分言说性和可见性，需要用实践、行动和活动来加以传达。❸

学校文化是社会文化的重要组成部分，它是一个学校的灵魂和根基，直接影响着办学思想、教育理念、人才培养和教师发展。为推动我国中小学学校文化的发展，党和政府高度重视并出台系列政策予以保障，如2006年教育部发布《关于大力加强中小学校园文化建设的通知》，2010年教育部、人力资源社会保障部发布《关于加强中等职业学校校园文化建设的意见》，2014年教育部发布《关于培育和践行社会主义核心价值观进一步加强中小学德育工作的意见》，2017年教育部发布《中小学德育工作指南》等。

然而，政策对学校文化的关注始于校园文化，二者在内涵方面的差异将直接导致不同取向的中小学学校文化建设实践和效果也不尽相同。校园文

❶ DEAL T E，PETERSON K D. Shaping School Culture：The Heart of Leadership［M］. San Francisco：Jossey-Bass Publishers，1999：15-58.

❷ 张东娇.学校文化建设："穿越概念丛林"之后我们去哪儿？［J］.清华大学教育研究，2021，42（2）：41-47.

❸ 张东娇.学校文化驱动模型：一项完整的中国学校改进经验的报告［J］.清华大学教育研究，2022，43（1）：23-33，86.

化，顾名思义更为强调器物本位，聚焦于校园的物理空间环境建设和校园活动安排。而学校文化核心在于意义体系，认为学校文化建设的着力点不应当窄化为校园的空间建设，而应从"价值、规则、意义、语言、期望"等方面入手，以群体认可的"假设"来统领学校文化建设，着眼于"意义之网"的编织。❶ 因此，系统梳理 2000 年以来我国中小学学校文化建设的相关研究，将更有助于明晰学校文化的内涵与功能，学校文化建设现状、问题及有效经验，这将为进一步提升基于内涵发展的学校文化体系建设提供有力借鉴与参考。

二、研究方法

本章采用了文献研究法，即在搜集与整理相关研究文献的基础上，进行文献综述。通过中国知网数据库，重点检索国内中小学阶段的学校文化建设相关研究，具体检索条件如下：（1）以"学校文化""校园文化"为一组主题词，以"中小学""职业高中""中等职业学校"为另一组主题词，按照"学校文化或含校园文化"并含"中小学"、"学校文化或含校园文化"并含"职业高中或含中等职业学校"进行组合检索；（2）检索时间确定为 2000 年至 2022 年（检索截止日期为 2022 年 7 月 22 日）；（3）限定文献类型为期刊文章（级别为核心期刊及 CSSCI）。通过依次阅读文献标题、摘要、全文，剔除无关文献和重复文献，最终共检索获得 368 篇与中小学学校文化建设相关的文献。

三、研究结果

（一）文献基本信息

1. 年度载文量

2000 年以来，国内中小学学校文化建设的相关研究在数量上呈现上升

---

❶ 张释元，谢翌，邱霞燕.学校文化建设：从"器物本位"到"意义本位"[J].教育发展研究，2015，35（6）：14–19.

态势，其中，2012 年相关文献数量最多，为 34 篇，其后，相关文献数量略有回落（见图 2-1）。总体而言，研究者对中小学阶段的学校文化建设保持着较高热度。

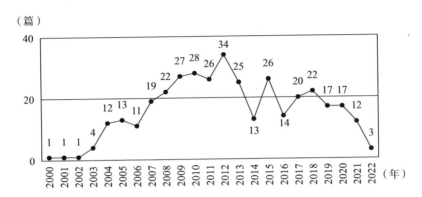

图 2-1 2000—2022 年国内中小学学校文化建设研究文献数量

2. 来源期刊

从文献来源期刊上看，涵盖了《中国教育学刊》《教学与管理》《教育科学研究》《中小学管理》《教育发展研究》《当代教育科学》《教育理论与实践》《人民教育》《上海教育科研》《教育研究与实验》等多种期刊，表 2-1 提供了前十位期刊的发文量。

表 2-1 2000—2022 年国内中小学学校文化建设文献来源期刊（Top 10）

名称	频次
《中国教育学刊》	46
《教学与管理》	30
《教育科学研究》	25
《中小学管理》	22
《教育发展研究》	20
《当代教育科学》	16
《教育理论与实践》	15

续表

名称	频次
《人民教育》	15
《上海教育科研》	8
《教育研究与实验》	8

3. 研究机构分布

对研究机构地区分布的明晰，能够了解不同机构在中小学学校文化建设研究中的发展程度和贡献度。统计发现，国内中小学学校文化建设研究主要集中在北京师范大学、杭州师范大学、西南大学、华南师范大学、华东师范大学、东北师范大学、南京师范大学、华中师范大学、山东省教育科学研究所、天津市教育科学研究院（见表2-2）。由此可见，高等院校尤其是师范院校发挥着排头兵、主力军的作用。

表2-2 2000—2022 年国内中小学学校文化建设文献研究机构分布（Top 10）

名称	频次
北京师范大学	28
杭州师范大学	13
西南大学	11
华南师范大学	7
华东师范大学	6
东北师范大学	5
南京师范大学	5
华中师范大学	4
山东省教育科学研究所	4
天津市教育科学研究院	3

（二）关键词聚类分析

为了对 2000 年以来国内中小学学校文化建设的研究热点进行提炼和分析，采用文献计量分析的方法，使用可视化分析软件 CiteSpace 5.7.R2，对 368 篇文献进行关键词提取和聚类分析，采用潜在语义索引（Latent Semantic Indexing，LSI）算法对聚类进行自动标识，形成关键词聚类图谱（见图 2-2）。该图谱中 Q=0.777，S=0.9602，表示聚类分析的结果较为理想、可信。表 2-3 对聚类所得排名前十位的聚类标签进行具体呈现。

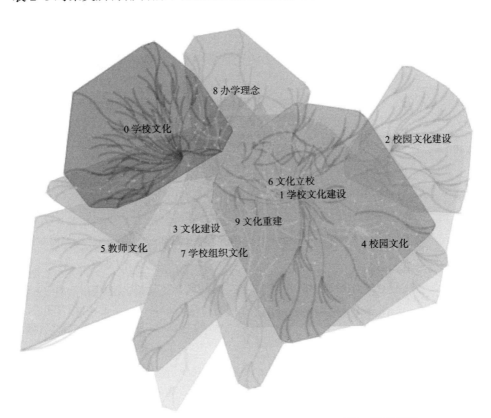

图 2-2 2000—2022 年国内中小学学校文化建设关键词聚类图谱

表 2-3　2000—2022 年中小学学校文化建设关键词聚类分析统计

聚类编号	规模	轮廓值	中间年	聚类标签词	引用的关键词
0	102	0.985	2013	学校文化	学校体育文化;体育特色;特色学校;民主式管理;低碳文化;教育哲学;教师管理制度;以人为本;权利表达;课程文化;课程实施;文化制约;课程研发;公立学校;生态文化;案例研究;象征性教育政策
1	85	0.951	2011	学校文化建设	学校文化环境;教师与学生;人与自身;人与环境;文化育人;项目学校;天津市南开区;南开区教育局;现代学校制度建设;学校章程;师生主体;文化治理;教育教学观念;学校文化环境;概念操作;基础教育课程改革
2	68	0.934	2011	校园文化建设	环境文化建设;个性鲜明;特色校园文化;企业文化;校园文化;物质文化建设;高级中学;绿色学校;可持续发展;社会主义核心价值观;以文化人;养成教育;教育本真;生态课堂;高级中学;绿色学校;校企文化
3	59	0.907	2010	文化建设	课程改革;多元文化背景;教师文化;自然合作;个人主义;单一文化;教师效能感;民族学校;基础教育;文化建设;习惯养成;农村校长领导力;乡土文化;乡村学校
4	58	0.919	2012	校园文化	文化载体;服饰文化;经典诵读活动;现实批判;德育实践;文字规范化;德育塑成;研究性学习课题;传统文化;古典诗词;学校文化;美术课程
5	48	0.958	2011	教师文化	创造性转化;形成机制;实践取向;跨学科整合;对话型文化;团队文化;创新文化;民族地区;生态平衡;生态结构;学校文化生态;生态要素;研修文化;热点领域;知识图谱;创造性转化

续表

聚类编号	规模	轮廓值	中间年	聚类标签词	引用的关键词
6	39	0.975	2011	文化立校	优秀传统文化；优秀文化传统；制度文化建设；价值取向；学校精神文化；主体作用；办学思想；知识层面；均衡发展；常德市教育局；区域推进；社会主义核心价值体系；湖南省常德市
7	39	0.961	2011	学校组织文化	乡村青年教师；影响机制；组织承诺；教师留岗意愿；隐性动力；初创时期；教学范式；学校管理；"和而不同"；情境德育；小学心理健康教育；合作共同体
8	36	0.964	2010	办学理念	主导文化；主体性德育；价值存在；主体性文化；学校文化建设；办学行为；管理制度；理念简练；环境简约；简言易行；制度简易；学校文化管理
9	29	0.947	2010	文化重建	国家级教学成果奖；学校变革；校长领导力；价值驱动型学校；社会裁定；探究性学习；组织自信；管理伦理；伦理道德；伦理精神

关键词聚类结果显示，前十个聚类标签词分别为学校文化、学校文化建设、校园文化建设、文化建设、校园文化、教师文化、文化立校、学校组织文化、办学理念、文化重建。

（三）研究方法的特点

通过对 368 篇文献分析发现，研究方法以非实证研究为主，主要包括理论思辨、比较研究、政策分析、实践案例等内容。仅有少量实证研究，如基于调查研究分析学校文化维度构建、学校文化测量与诊断等。

（四）主要研究内容概述

1.学校文化的内容

如前所述，学校文化的内容可以采用洋葱模型和冰山模型两种模型加以划分。下文采用洋葱模型，即从学校核心价值体系（精神文化）和办学实践体系（制度、物质和行为文化）两大方面对 2000 年以来国内中小学学校文化的内容研究进行详述。

（1）学校核心价值体系：精神文化。

精神文化是学校文化的核心内容，不同学校文化的区别即在于精神文化。按照国内学者的观点，精神文化主要是指学校核心价值体系，其通过校训、校歌、办学理念等加以体现。目前国内关于中小学学校文化中精神文化的研究主要涉及社会主义核心价值观与学校文化的融合、校训、学校特色文化理念。

第一，社会主义核心价值观与学校文化的融合。张艳芬等人认为社会主义核心价值观应当与学校文化有机融合，强调运用社会主义核心价值观理念形塑学校管理文化，以社会主义核心价值观为导向建设教师、学生和校本课程文化。❶ 杨颖东同样认为在大力推进社会主义核心价值观教育时，应当将其融入学校文化建设，为学生创建潜移默化的文化环境。❷

第二，校训。方健华指出，校训是基于学校文化传统的办学理念与应然的价值追求，是学校办学理念的凝练，是全体师生共同愿景的概括和共同的精神规范与价值取向。当前国内中小学学校的校训在内容方面呈现出雷同化、口号化，形式上体现为单一化和模式化，而这种千篇一律的校训难以实现对学校文化的高度凝练和彰显。❸

第三，学校特色文化理念。研究者在探究学校文化时，也注重对精神文化中的特色文化理念加以探究。通过梳理发现，很多学校秉承着"和而不同"和"绿色发展"的理念。如，陈少珊等人的研究中对学校"和而不同"的文化理念进行阐释，认为相互尊重、平等和谐、个性与共性协调发展是

---

❶ 张艳芬，张艳华，张超.社会主义核心价值观视域下农村学校文化建设路径［J］.中学政治教学参考，2017（9）：76–78.
❷ 杨颖东.社会主义核心价值观融入学校教育路径探究［J］.上海教育科研，2018（1）：68–72.
❸ 方健华.当前校训问题检视与应然追求［J］.中国教育学刊，2011（10）：35–38.

"和而不同"的学校文化的重要体现。❶

（2）学校办学实践体系：制度、行为和物质文化。

第一，教师文化。教师文化既是一种群体文化，也是一种个体文化。作为群体文化，其是教师群体在共有的学校环境中，在其教育过程中创造出来的物质文明和精神文明的总和与表现；作为一种个体文化，其是教师在教育现场应对各种教育现象、问题，影响教育环境的具体方式。❷教师文化是学校文化的重要组成部分，它直接影响教师专业发展，也对教育教学改革起到关键的支撑作用。2001年，义务教育阶段新一轮课程改革启动实施，人们逐渐意识到课程改革实施成功与否的关键因素在于教师。为此，教师文化的研究也越来越丰富。目前国内关于教师文化的研究主要涉及教师文化与专业发展、教师文化的自主更新与理性建构、教师假设和信念等方面。在教师文化与专业发展方面，李静和何巧艳认为，一方面，教师的专业发展以教师文化为依托，教师文化是滋润教师专业发展的优良土壤；但另一方面，教师专业发展的状况一定程度上也限制了教师文化发展的状况。为促进教师专业发展，必须注重建构和谐的教师文化。❸在教师文化的自主更新与理性建构方面，李伟胜强调通过倡导先进的价值取向，创新团队工作方式，策划系列教研活动，更新学校管理制度，促进教师团队自主探索，创作优秀文化作品，创建校本特色品牌等措施促进教师在共同合作中更新原先的教师文化，实现教师文化的自觉、自主更新。❹姜新生认为在传统文化、学校管理制度、学校办学理念的综合影响下，教师以单打独斗的方式完成教育教学，这种个人主义教师文化不利于教师的专业发展与学校文化的构建。他呼吁教师文化要从个人主义转向自然合作类型。❺在教师假设和信念方面，谢翌等人认为教师的基本假设是影响教师文化和学校文化的隐性力量，它像一只看不见的手

❶ 陈少册，邹燕平，蔡焯基."和而不同"学校文化的理念及在学校管理中的实现［J］.教育导刊（上半月），2011（8）：51-53.

❷ 张典兵.教师文化研究的回顾与前瞻［J］.教学与管理，2012（27）：40-41.

❸ 李静，何巧艳.论教师文化与教师专业发展［J］.辽宁教育研究，2008（4）：92-95.

❹ 李伟胜.试探教师文化的自主更新之路［J］.教师教育研究，2011，23（5）：50，53，21.

❺ 姜新生.从个人主义到自然合作：教师文化的理性建构［J］.教师教育研究，2010，22（3）：5-9，15.

在指挥着教师文化的发展与完善。换言之，教师行为、信仰等均受制于教师的基本假设。通过对实际工作的调研发现，教师思维中存在不少错误假定，对教师实践和学校变革均带来了阻碍作用。❶

第二，学生文化。学校文化具有主体性特征，学生和教师是学校文化中两个关键主体。为此，研究者也十分注重探究学生群体文化。国内有关学生群体文化的研究涉及学生群体文化的抵制行为、青少年反学校文化（包括流动儿童群体文化、农民工子弟文化）。在学生群体文化的抵制行为方面，张英慧和周霖认为学生文化对学生在校的日常活动表现有一定影响，因此，有必要考察学生的日常行为。其研究发现，中等职业学校学生文化具有亚文化普遍存在的抵制特征，包括"隐藏的文本""非正式抵制""沉默的行动空间"以及"检查"中所创造的智慧等形式，强调应当引导学生构建和谐、理性的学生文化。❷ 在青少年反学校文化方面，流动儿童是我国在进行工业建设后产生的一个独特现象，流动儿童群体文化中的研究以反学校文化居多。学生反学校文化指学生文化中所倡导的价值标准与行为规范恰好与学校主流的价值和行为规范相背离。徐波锋认为学生反学校文化的发展不仅阻碍了学校的教育教学，而且也不利于学生群体的健康发展，为此，需要充分关注学生反学校文化。❸ 丁百仁和王毅杰聚焦打工子弟学校，通过质性研究范式发现：农民工子女在校的行为表现出学习上凑合应对，学习之余多是娱乐，表现出自我放弃的消极状态。❹

第三，组织文化。组织文化是指某一特定组织所独有的，为所有组织成员共同持有的价值、信念与行为的综合体系，通常可以通过组织内精神、制度和物质等方面的要素加以表现。❺ 与其他组织一样，学校也是一个重要的

---

❶ 谢翌，肖丽艳，熊丽萍.教师的假设：中小学学校文化的深层指令［J］.教育理论与实践，2005（21）：49-53.

❷ 张英慧，周霖.学生文化中的日常抵制行为与反思［J］.现代教育管理，2020（6）：122-128.

❸ 徐波锋.学生反文化现象的教育学思考［J］.宁夏大学学报（人文社会科学版），2007（1）：181-184.

❹ 丁百仁，王毅杰.公立学校农民工子女"自弃文化"研究［J］.青年研究，2017（2）：29-37，95.

❺ 夏雪芹.学校管理改进的组织文化分析［J］.教学与管理，2014（9）：68-70.

组织，现有国内研究围绕学校组织文化的现状、组织文化的影响以及组织文化的生成进行相应研究。关于学校组织文化的现状，宋萑等人利用问卷调查法，以北京市 5255 名中小学教师为对象，将学校组织文化结构化为教师文化、学校文化认同和校长文化，进而发现 6—10 年教龄的教师对学校组织文化认同最低，小学教师对学校组织文化的认同要高于中学教师，普通学校教师的学校组织文化认同普遍低于重点学校和薄弱学校。❶ 关于组织文化的影响，蔺海沣等人选取 1416 名乡村青年教师为调查对象，探究乡村学校的组织文化及其影响。结果表明，乡村学校组织文化建设水平整体偏弱，乡村学校组织文化对青年教师的留岗意愿发挥着重要的预测作用。这表明通过建设优良的组织文化将有助于提高教师的留岗意愿。❷ 关于组织文化的生成研究，根据组织生命周期理论，任何组织均需要经历一个生命周期，分别是形成、成长、成熟和衰退。学校作为一个组织，其文化的生成与发展也必然具有过程性。为此，需要充分探究学校组织文化是如何生成的，其内在动力源自哪些。舒惠采用纵向个案的研究方案，选取了一所新建的初中学校，通过追踪学校从筹建到运行的五年情况，总结认为学校组织文化的生成涵盖了萌芽、碰撞和沉淀三个阶段，呈现出由经验到观念继而到行动的特征。❸

第四，课程文化。课程文化是在共同的育人理想中形成共享的价值观念和实践范式，它是学校文化中最主要、最根本和最核心的成分，是体现学校文化的重要载体。陈树生和李建军认为课程文化居于学校文化系统的核心层，其影响着学校的交际文化、环境文化和管理文化。❹ 与此同时，研究者还尤为注重利用民族地区构建校本课程以推动整体学校文化系统的完善与改进。

2. 学校文化评估

学校文化评估，也被称为学校文化诊断或测量，它是学校文化建设的重

❶ 宋萑，胡艳，袁丽. 北京市中小学学校组织文化的现状调查［J］. 教师教育研究，2009，21（3）：56–61，43.
❷ 蔺海沣，张智慧，赵敏. 学校组织文化如何影响乡村青年教师留岗意愿：组织承诺的中介效应分析［J］. 教育研究，2021，42（8）：142–159.
❸ 舒惠. 学校初创时期组织文化生成的阶段性特征与隐性动力：基于纵向个案的质性研究［J］. 教育发展研究，2020，40（20）：21–30.
❹ 陈树生，李建军. 课程文化：学校文化建设的核心［J］. 教育发展研究，2010，30（2）：84–87.

要环节，是指对学校文化各层面的实证研究。研究者认为，学校文化评估能够帮助中小学明晰当前学校文化现状，厘清学校文化建设的思路，明确现有学校文化建设的优势与不足。可以说，明确、精准、全面的学校文化评估方式和手段是创建优质学校文化的前提与基础。

项红专和李燕在文献分析和访谈的基础上，构建出学校文化诊断框架，该框架囊括价值认同、物质基础、组织氛围和领导管理四个一级维度，每个一级维度下分解为三个要素和具体内涵，其中价值认同居于核心和主导地位；认为该框架将有助于学校准确找到学校文化建设的着力点，从而提高文化建设的实际效果。❶ 朱畅对中国、比利时等地的 5 所学校的 832 名师生进行调查，探究学校文化环境和学校组织文化，将学校文化分为目标导向、参与性决策、创新程度、支持型领导和结构化领导、合作关系和共享意愿。❷ 张东娇和王颖在进行学校文化评估研究时，分别探讨了其主体、模型和工具，认为学校文化评估的主体包括制度和执行主体两方面。前者主要是政府、学校等机构，而后者是教育咨询机构、专家组和学校自我评估。在学校文化评估方法方面，指出可采用质性和量化的两种取向，张东娇领导的学校文化创建团队开发了学校文化发展状态量表、学校文化教师认同问卷、学生学校生活满意度问卷、家长满意度问卷等。❸ 刘径言则借鉴由国外学者卡梅伦（Cameron）和奎因（Quinn）编制的组织文化评估工具，对其选定两所学校的教师和校长进行问卷调查以评估学校文化，评估内容包括学校主导文化类型、文化差距、文化强度、文化一致性。结果表明，学校文化类型是多元的，优质学校文化不仅仅包括创新、合作的文化。中小学在学校文化建设进程中，需要重视课程建设，以其为载体实现文化重建。❹

---

❶ 项红专，李燕.学校文化诊断框架构建与应用案例分析［J］.中国教育学刊，2014（4）：51–53，78.

❷ ZHU C. The Effect of Cultural and School Factors on the Implementation of CSCL［J］. British Journal of Educational Technology，2013，44：484–501.

❸ 张东娇，王颖.学校文化评估：主体、模型与工具［J］.教育科学，2012，28（4）：15–20.

❹ 刘径言.学校文化的测量与诊断：优质学校比较的视角［J］.教育科学，2013，29（4）：35–39.

　　3.学校文化建设与校长

　　2013年，教育部印发《义务教育学校校长专业标准》，将"营造育人文化"作为校长的专业职责之一，具体专业要求为"将学校文化建设作为学校德育工作的重要方面，重视学校文化潜移默化的教育功能，把文化育人作为办学治校的重要内容与途径"。❶作为推动中小学学校文化建设的领导者，校长的领导状况将直接影响学校文化建设的品质。在政策引领下国内学者围绕校长与学校文化建设开展了较为全面的分析与探讨，主要聚焦于校长文化建设认知、校长文化领导力、校长文化自觉力、校长文化建设路径和校长文化建设焦虑等内容。

　　（1）校长文化建设认知。

　　王智超选取了不同地区且正处在转型过程中的17所小学的校长为研究对象，利用访谈法，了解在各个学校文化建设过程中校长的想法与行动。结果发现：大部分校长关注学校发展，但未将学校文化建设作为学校管理的核心；他们窄化了学校文化建设内涵，弱化了学校改进的效果，将学校文化视为"生命教育""绿色教育""国学教育"等；他们不善于分权，学校文化建设的效果欠佳。可以说，校长关于学校文化建设的此类认知偏差对其文化建设成效有必然影响。❷

　　（2）校长文化领导力。

　　张东娇认为，学校文化的创建、改造和改变都受到校长文化领导力的影响，并且校长的文化领导力在学校文化发展的不同阶段也有着不同的作用方式和表现。在学校创建与成长早期，文化领导力主要体现为文化声明力与根植力；在学校发展中期，文化领导力主要表现为文化继承力与文化发展力；在学校成熟与潜在衰退期，文化领导力主要表现为文化洞察力与文化转型力。❸岳伟等人同样认为校长的文化领导力不仅仅是单一维度，而是囊括

---

❶　教育部.教育部关于印发《义务教育学校校长专业标准》的通知［EB/OL］.（2013-02-16）［2022-09-16］.http://www.moe.gov.cn/srcsite/A10/s7151/201302/t20130216_147899.html.

❷　王智超.小学校长学校文化建设认知现状分析：基于转型领导力的视角［J］.教育科学研究，2017（11）：25-29.

❸　张东娇.论学校文化与校长领导力［J］.教育科学，2015，31（1）：22-25.

多种成分，包括文化诊断力、文化愿景力、文化设计力、文化实施力与文化传播力。第一，文化诊断力，即校长应当能够扮演医者的角色，对学校文化实情做出全面、真实且准确的诊断评估，在此基础上进一步拓展学校文化建设，从而最终达到理想的学校文化建设状态。第二，文化愿景力，即校长能够制定学校文化建设的发展目标、框架，设计具有前沿性的文化愿景和蓝图，带领学校全体成员朝着共同的、渴求的文化愿景而奋斗，从而保障学校文化建设朝着正确、优质的方向前进和努力。第三，文化设计力，即强调校长必须能够自主地领导学校成员共同设计学校文化，发展学校文化特色，引领学校走向特色发展之道路。第四，文化实施力，即校长运用多种方式与全体成员形成合力，将学校文化从理念层面推向实操层面，让学校处处体现文化，让师生从内心深处认可与认同文化。第五，文化传播力，即校长应当让全体成员理解学校理念与学校文化，将其融入日常行为规范。与此同时，校长不应故步自封、闭门造车，而应当使用多种媒介与社会及时沟通、交流，扩大自身学校文化的影响力，打造学校文化建设的学校圈，强化学校文化的推广与宣传，为学校文化的持续发展不断注入新鲜血液。❶

（3）校长文化自觉力。

周国明指出，校长的文化自觉是一个学校文化自觉的动力。校长只有通过不断锤炼自身文化自觉，才能在此基础上对学校文化做出全面、精准的判断，进而形成并巩固整个学校的文化自觉。❷

（4）校长文化建设路径。

校长是学校文化建设的领导者。张东娇将校长文化建设过程概括为"五步工作法"，包括：必要准备（如成立小组、收集校史、做好调研、召开会议）、全面诊断（如日程安排、现场调研、集中会诊）、系统策划（如整理记录、撰写方案、修改方案、通过方案）、落地执行（如分解方案、引号推

---

❶ 岳伟，王仙红.校长文化建设焦虑：表征、成因与调适路径［J］.现代教育管理，2022（5）：74-81.

❷ 周国明.校长文化自觉与自我管理［J］.人民教育，2011（7）：6-8.

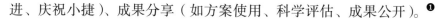

进、庆祝小捷）、成果分享（如方案使用、科学评估、成果公开）。❶

（5）校长文化建设焦虑。

与上述研究主题不同，校长文化建设焦虑是基于校长的主观体验来反思学校文化建设问题。为促进优质学校文化建设，校长必须具备扎实而稳重的文化建设状态。相反，焦虑不安的文化建设状态将容易使其对学校文化产生误读，从而导致学校文化建设走向错误的方向和轨道。为此，岳伟和王仙红对校长的文化建设焦虑展开探讨，认为校长的文化建设焦虑表现为力不从心的文化建设苦恼、不甘落后的文化建设恐慌、重压之下的文化建设忧虑三种样态；而形成这三种样态背后的原因在于校长的文化领导力不足、校长难以明确学校文化建设思路、学校外部评价体系过度重视成绩；为了缓解和调适校长的文化建设焦虑，应当注重开展有关学校文化建设的培训，创设宏观和微观一体化的学校文化建设机制，同时也需要对学校外部评价体系加以协调，为缓解校长文化建设焦虑提供重要保障。❷

4.学校文化建设的问题与提升路径

学校文化是推进学校特色发展的关键动力，尽管在政策倡导下许多中小学尝试探索学校文化建设，但进程中也出现许多问题和偏差。围绕着学校文化建设的问题与提升路径，许多研究者对其展开了全面、细致、深入的探讨。

（1）学校文化建设的问题。

许多研究者都认为当前学校文化建设存在以下问题。第一，学校文化建设口号化和活动化。部分中小学在学校文化建设进程中过于从口号（如校风、学风、班风、办学理念、校训）等可见的要素来反映学校文化特色，以此彰显学校文化底蕴。活动化则体现在将学校文化等同于形形色色的艺术活动（如歌唱比赛、艺术社团举办）等。第二，学校文化建设物质化。由于学

❶ 张东娇.绣一幅学校文化建设的《风穿牡丹图》：学校文化建设"五步工作法"的再规范与再解读［J］.中小学管理，2020（1）：38–42.
❷ 岳伟，王仙红.校长文化建设焦虑：表征、成因与调适路径［J］.现代教育管理，2022（5）：74–81.

校文化源于校园文化，校园文化最直接的导向便是学校物理空间环境的建设，在早期的国家政策文本中也十分注重校园文化的创建，导致学校文化建设的异化，即直接指向学校的楼、墙、区、角等物理空间环境的过度美化，将物理环境的装饰视作学校文化建设的首要和关键。❶第三，学校文化建设中的拿来主义。这表现为当前国内中小学学校文化建设时出现高度的同质化。学校校长及学校成员并非从学校本土实际需要出发进行学校文化建设，而是紧跟潮流，一味地模仿甚至直接套用其他学校文化建设的模式，导致学校文化建设效果不佳，功利化明显。例如，类似生态教育、生命教育、绿色教育、和文化、雅文化、和雅文化等屡见不鲜。❷第四，校长包办现象突出。在我国，中小学往往采取科层制的管理模式，常常出现"一个好校长就是一所好学校"等话语，一定程度上强化了校长的个人英雄主义色彩，使得学校文化等同于校长文化，校长将其认可的文化等强加于师生，影响着学校文化建设的成效。❸

（2）学校文化建设的提升路径。

基于目前国内中小学学校文化建设呈现的不良现象，研究者们就何以提升学校文化建设效果也开出了相应的"处方"，相关研究也十分丰富，大致可以分为以下几方面。第一，充分发挥不同主体在学校文化建设中的重要作用。学校文化的建设紧紧依靠教师和学生，二者是学校最核心的主体。在学校文化建设中，需要充分发挥学生的主体作用，鼓励学生积极主动地参与学校文化建设，践行、宣传、塑造学校文化。与此同时，教师扮演着学校文化的塑造者、研究者和评估者角色，在学校文化建设进程中，教师要时刻督促自身将学校文化与教育教学有机结合，在育人实践活动中发挥学校文化的功能。❹第二，价值为学校文化建设之根本。尽管物质环境文化创建是学校文

---

❶ 张释元，谢翌，邱霞燕.学校文化建设：从"器物本位"到"意义本位"［J］.教育发展研究，2015，35（6）：14-19.

❷ 项红专.学校文化"两张皮"现象及其破解对策［J］.教育科学研究，2020（10）：35-40.

❸ 项红专.提升学校文化治理力的四个着力点［J］.人民教育，2020（10）：17-20.

❹ 薛二勇，刘淼，栾少波.新形势下中小学学校文化建设的新路径［J］.中国教育学刊，2018（7）：37-42.

化建设的重要内容，但一所学校想要取得优质的文化建设成效，必然不能止步于此。学校文化建设需要重点关注核心价值观的培育，将其根植于每个学生和教师的心中，以实现发芽、生长和繁荣。新时代，我们尤应注重社会主义核心价值观在学校文化建设中的作用，在形塑学校的核心理念时需要加以考虑并融合。❶第三，着力学校章程建设。依章办学是依法治校的前提。学校章程是学校内部治理的纲领性制度。在学校文化建设中，要致力于制定、实施和完善学校章程，以促进规范办学、特色办学。❷第四，立足学校本位。在学校文化建设中，需要深思学校文化与其自身历史文化、区域文化和优良传统文化的关系。通过回顾学校建校历史，以及区域自身的特色文化和优良的传统文化，能够使学校摆脱千篇一律的循环现象，从而能够在众多学校中脱颖而出，彰显特色。❸第五，以课程为载体，将学校文化建设融入课程教学。许多中小学将学校文化建设集中到课外活动的一些特定的文化日，这样往往流于形式，浮于表面。学校文化只有融入课程教学中，方能使其与每位教师和学生产生关联，得以持续地实践和丰富。❹

四、总结与展望

如前所述，2000 年以来，国内有关中小学学校文化建设的研究总体呈现上升态势，在 2003 年后研究数量有明显增长。围绕着学校文化的内容、学校文化评估、学校文化建设与校长、学校文化建设的问题与提升路径等方面进行了系列研究，为后续研究与实践提供了参考。尽管如此，现有研究也呈现出一些不足之处，未来还需要进一步探究。

第一，在研究对象方面，当前中小学学校文化建设研究存在着类别差异和区域差异。具体来看，研究者更为关注普通中小学的学校文化建设，中等

---

❶ 薛二勇，刘淼，栾少波.新形势下中小学学校文化建设的新路径［J］.中国教育学刊，2018（7）：37–42.
❷ 项红专.提升学校文化治理力的四个着力点［J］.人民教育，2020（10）：17–20.
❸ 项红专.学校文化"两张皮"现象及其破解对策［J］.教育科学研究，2020（10）：35–40.
❹ 项红专.七个向度：学校文化建设的品质提升［J］.教育科学研究，2017（7）：49–53.

职业技术学校和职业高中的学校文化建设研究偏少。同时，围绕着城市学校文化建设的研究居多，而乡村或偏远地区的学校文化建设数量偏少。因此，为了能够更加全面、系统地了解不同类型、不同地区学校文化建设的现状、可能存在的问题以及特色的发展路径，未来研究应采取更加全面的视角进一步深入探究学校文化建设议题。

第二，在研究方法方面，如前所述，现有中小学的学校文化建设的研究很大一部分是采用非实证的理论思辨，思考学校文化建设应然状态以及具体建设思路，仅有少量研究尝试运用量化研究方法对学校文化建设的现状、过程进行探究。这容易导致学校文化建设陷入循证不足、依赖经验总结的困境。未来研究应当考虑综合使用定性与定量研究。

第三，在研究内容方面，现有中小学学校文化建设的研究尽管围绕内容、评估、校长、问题与提升路径、实践案例等方面进行了探讨，但通过关键词聚类分析发现已有研究的主题较为类似，各部分内容不太均衡，且存在过于宏观的问题，难以为具体实际操作提供一定指导。同时，另有部门研究为纪实类的工作总结和宣传，学术性也有待提升。未来研究需要在现有研究的基础上，更加敏锐地把握中小学学校文化建设的关键问题，提升研究的质量和深度。

第三章　基于国际期刊文献分析
学校文化建设研究进展

本章通过 Web of Science 数据库，检索收录的中小学学校文化建设相关研究文献。总体而言，国际期刊中有关中小学学校文化建设的相关文献呈上升趋势，其中，2008 年以来，年度文献数量均超过 10 篇，2021 年文献数量最多，为 39 篇。研究热点聚焦于学校管理人员对学校文化建设的领导实践、学校文化建设的经验、学校文化建设在心理健康上的作用与价值、学校的信息通信技术文化建设新趋势等方面。研究方法多样，但以实证类的研究居多。研究对象主要为教师与学校管理人员，针对学生的研究相对较少。建议未来研究兼顾城市和农村学校，对学生、家长、政府官员、社区人员等与学校文化建设的关联人员进行全面取样，加强学校文化评估工具及标准研制。

一、引言

任何一所学校都有其自身的特征和特质，这种特征和特质有时亦被称为学校文化，而我们也无时无地不在感受着学校文化的力量，学校文化会以强有力的但又微妙的方式影响着与之关联成员的思维方式，并以学校特有的群体反应方式指导着关联成员的行为。[1] 关于学校文化，普遍被谈及的或较为容易想到的是学校理念、价值观、信仰、制度规范等内容，但是学校文化并不仅仅包括如此，课程、教师、学生、管理人员、学校组织、改革实践、环

---

❶ 杨全印，赵中建.学校文化·课程开发［M］.合肥：安徽教育出版社，2008：14.

境设施、公共关系、校园安全等也是学校文化符号的体现，这些元素承载着学校文化印记的同时也在以不同的方式影响、改变着学校文化。因此，学校文化所涉及的不仅是观念世界，更重要的是学校成员在学校日常生活中所形成、经历着的学校文化。正如马斯洛斯基（Maslowski）所定义的："学校文化是学校成员共有的，影响他们在学校运作的基本假设、规范和价值以及文化产物。"❶

学校文化按照时间阶段可以分为幼儿园园本文化、小学学校文化、中学学校文化、大学学校文化等类型，但是从整个教育与社会发展的长远角度来看，中小学学校文化无疑在整个教育系统中具有重要位置。因为中小学生尚处于身心未成熟时期，学生能否发展成为具有健全人格、心理健康、志趣高尚的一代新人，离不开中小学阶段的科学教化，除了学科专业知识的学习外，中小学阶段非正式的学习特别是积极学校文化的浸染同样对学生的发展具有无可替代的价值与意义。具体而言，中小学学校文化可以通过学校组织文化、管理文化、教师文化、课程文化、环境文化、学生文化等形式直接或间接地塑造学生的思想观念、道德品质、心理人格、行为习惯等方面，进而影响学校教育的品质。基于此，做好中小学学校文化建设对我国基础教育的发展显得尤为重要和必要。杨全印、赵中建指出，学校文化就其性质而言，既要具有稳定性，也要具有一定的流动性与灵活性，稳定性给予学校成员必要的认同感与归属感，流动性与灵活性则指学校文化应符合社会发展趋势，始终保持充满活力、生机、不断创新、动态流动以及一种向前看的构建状态。❷ 这表明学校管理者应结合政策规定、时代变化、社会发展、学校建设等需要，在学习借鉴中外优秀学校文化建设经验的基础上，适时调整更新学校文化建设的内容。因此，系统地对国际期刊中有关中小学学校文化建设的相关文献进行梳理，全面认识和把握研究动态，总结先进、有效的学校文化建设经验，可为国内研究与实践提供借鉴。

---

❶ MASLOWSKI R. A Review of Inventories for Diagnosing School Culture ［J］. Journal of Educational Administration, 2013, 44（1）: 6.

❷ 杨全印，赵中建. 学校文化·课程开发［M］. 合肥：安徽教育出版社, 2008：15.

二、研究方法

将科学计量法与内容分析法相结合，一方面，通过可视化分析软件 CiteSpace 5.7.R2 作为文献计量分析工具对国际期刊中有关中小学学校文化研究相关文献的内容结构、分布特征、变化规律等进行共现分析；另一方面，运用内容分析法对定量数据结果进行综合分析与比较，总结国际期刊中有关中小学学校文化建设的研究热点和特征。

Web of Science 数据库基本涵盖了世界范围内最有影响力的高质量期刊。以 Web of Science 核心合集数据库中中小学阶段的学校文化建设相关文献为数据来源，在高级检索框中输入"TS=（school culture）OR（school cultures）OR（campus culture）OR（campus cultures）NOT（university）NOT（universities）NOT（college）NOT（colleges）"，限定语言为"English"，精确检索、年份不限（检索截止日期为 2022 年 9 月 21 日），去除书籍评论、数据论文、会议摘要、新闻等类型的文献，去除收录于该数据库的国内期刊，排除无关文献，无关文献主要包括：非中小学学校文化研究的文献；主题中含有检索词但不是关于学校文化的文献。经 CiteSpace 软件 WOS 查重功能检验，共获得 400 篇无重复有效文献。

三、研究结果

（一）文献数量与文献来源

整理文献后发现，国际上较早有关中小学学校文化建设的研究文献为 1958 年的一篇论文《中学文化中的行为偏差》[1]。自 1958 年以来，相关研究文献总体呈波动上升趋势，在年发文数量上，1990 年以前的研究文献存在断档，部分年份没有相关研究文献，2016 年之后的研究文献增量大，2017

---

[1] KVARACEUS W C, KVARACEUS W S. The Behavioral Deviate in the Secondary School Culture［J］. The Phi Delta Kappan, 1958, 40（2）: 102-104.

年 32 篇、2018 年 38 篇、2019 年 31 篇、2020 年 22 篇、2021 年 39 篇，　表明近几年国际中小学学校文化研究逐步进入深入发展的态势（见图 3-1）。

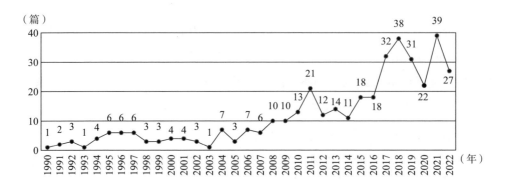

图 3-1　1990—2022 年国际期刊中有关中小学学校文化建设研究文献数量

在文献来源国家上，借助 CiteSpace 软件对 400 篇文献进行发表国家合作共现分析。以 Country 为节点类型，阈值选择 TopN=50、Slice=5，设置发文量频次 ≥ 2，结果如图 3-2 所示。图中节点圆圈与字体越大代表该国家中小学学校文化研究的发文量也就越多，节点间的连线越粗代表合作次数越多。对发文量排名前十的国家进行统计后发现，中小学学校文化研究发文量

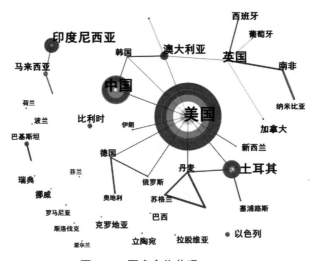

图 3-2　国家合作共现

注：本图用可视化分析软件 CiteSpace 5.7.R2 制作，图中国家关键词已翻译为中文。

排名前三的国家分别为美国（101篇）、中国（45篇）、土耳其（27篇），占全部文献的43%，具体数据见表3-1。由图3-2中国家节点N=53、连线数量E=32、网络共现密度D=0.0232指数可以看出，当前国际中小学学校文化研究国家间合作比较少。

表3-1 1958—2022年国际期刊中有关中小学学校文化研究文献来源国家（Top10）

国家	发文数量(篇)
美国	101
中国	45
土耳其	27
英国	23
印度尼西亚	22
澳大利亚	14
比利时	13
以色列	13
马来西亚	10
西班牙、加拿大、南非	8

（二）关键词共现与聚类分析

1. 关键词共现分析

关键词共现网络可反映某一领域当前的研究热点及过去产生过哪些热点研究，一般频次高的或中介中心性高的关键词即可视为研究热点。以 Term 为节点类型，阈值选择 TopN=50，设置 Slice=5，在 Pruning 框勾选 Pathfinder 和 Pruning the merged network，对图谱网络进行裁剪，运行 CiteSpace 软件后得到400篇文献的关键词可视化分析图谱，由于"school culture"是检索词，在此将其隐去，得到图3-3。同时基于频次和中介中心性对排名前30位的关键词进行汇总，见表3-2、表3-3。

图 3-3　中小学学校文化研究共现

注：本图用可视化分析软件 CiteSpace 5.7.R2 制作，图中重点关键词对应中文翻译参见表 3-2、表 3-3。

表 3-2　关键词词频分布（Top 30）

序号	频次	中介中心性	关键词
1	27	0.07	campus culture construction（校园文化建设）
2	21	0.26	organizational cultures（组织文化）
3	17	0.05	elementary schools（小学）
4	17	0.06	qualitative data（定性数据）
5	15	0.03	school leaders（学校领导）
6	14	0.02	school principals（校长）
7	14	0.05	positive school culture（积极的学校文化）
8	12	0.06	data collection（数据收集）
9	12	0.05	teachers perceptions（教师感知）
10	9	0.18	professional development（专业发展）

续表

序号	频次	中介中心性	关键词
11	9	0.07	school climate(学校气氛)
12	8	0.15	significant influence(重大影响)
13	8	0.30	collaborative school culture(合作学校文化)
14	8	0.07	school environment(学校环境)
15	8	0.23	moderating role(调节角色)
16	8	0.00	inclusive school culture(包容性学校文化)
17	8	0.08	transformational leadership(转型领导才能)
18	7	0.05	focus group(焦点小组)
19	7	0.41	school effectiveness(学校效能)
20	7	0.14	information communication technology (信息通信技术)
21	6	0.04	semi-structured interviews(半结构化访谈)
22	6	0.03	school leadership(学校领导才能)
23	6	0.01	school management(学校管理)
24	5	0.01	in-depth interviews(深度访谈)
25	5	0.06	beginning teachers(初任教师)
26	5	0.08	school policy(学校政策)
27	5	0.16	important factor(重要因素)
28	4	0.02	school culture survey(学校文化调查)
29	4	0.14	action research(行动研究)
30	3	0.02	anti-school culture(反学校文化)

表 3-3 关键词中心性统计（Top 30）

序号	频次	中介中心性	关键词
1	7	0.41	school effectiveness(学校效能)

续表

序号	频次	中介中心性	关键词
2	8	0.30	collaborative school culture(合作学校文化)
3	21	0.26	organizational cultures(组织文化)
4	8	0.23	moderating role(调节角色)
5	3	0.22	school development(学校发展)
6	2	0.21	creative leadership practices(创造性领导实践)
7	4	0.20	job satisfaction(工作满意度)
8	9	0.18	professional development(专业发展)
9	2	0.17	collaborative practices(协作实践)
10	5	0.16	important factor(重要因素)
11	2	0.16	school change(学校变革)
12	2	0.16	special educational needs(特殊教育需求)
13	2	0.16	administrative practices(行政实践)
14	8	0.15	significant influence(重大影响)
15	7	0.14	information communication technology(信息通信技术)
16	4	0.14	action research(行动研究)
17	2	0.12	learning organization(学习组织)
18	2	0.12	professional learning communities(专业学习社区)
19	4	0.11	school context(学校背景)
20	2	0.11	effective implementation(有效实施)
21	3	0.09	effective school cultures(有效的学校文化)
22	2	0.09	change agent(变革动因)
23	2	0.09	independent study(独立研究)
24	2	0.09	mental health(心理健康)
25	2	0.09	providing value-added education(提供增值教育)

续表

序号	频次	中介中心性	关键词
26	2	0.09	common culture(共同文化)
27	8	0.08	transformational leadership(转型领导才能)
28	5	0.08	school policy(学校政策)
29	3	0.08	educational process(教育过程)
30	27	0.07	campus culture construction(校园文化建设)

频次与中介中心性皆位于前30位的关键词有 campus culture construction（校园文化建设）、organizational cultures（组织文化）、professional development（专业发展）、significant influence（重大影响）、moderating role（调节角色）、transformational leadership（转型领导才能）、information communication technology（信息通信技术）、school policy（学校政策）、important factor（重要因素）、action research（行动研究）。这10个词是中小学学校文化研究网络中较大的节点，也是中小学学校文化研究重要的枢纽，在中小学学校文化研究中发挥着重要作用。

2. 关键词聚类分析

为了对中小学学校文化研究热点进行进一步的数据分析，本研究对400篇文献进行 CiteSpace 聚类分析操作，使用关键词聚类和对数似然率算法（Log-likelihood ratio，LLR）对每个聚类进行自动标识，最终形成关键词聚类图谱，该图谱中 Q=0.8801，S=0.9482，表明聚类分析的结果较为理想、可信。对排名前七的聚类进行关键词信息统计（见表3-4），聚类号码越小表示聚类的规模越大。

表 3-4 关键词聚类分析信息统计

聚类编号	规模	轮廓值	中间年	聚类标签词	引用的关键词（多于30个的，只呈现有代表性的）
0	31	0.827	2011	school administrator（学校管理人员）	leadership practice（领导实践）; collaborative school culture（合作学校文化）; school administrators leadership practice（学校行政人员领导实践）; creative leadership（创造性领导力）; own school（自己的学校）; moral guide（道德指南）; exemplary school culture（模范学校文化）; fundamental value（基础价值）; shared objective（共同目标）; problem statement（问题陈述）; school stakeholder（学校利益相关者）; leadership role（领导角色）; guiding role（导向作用）; leadership practices inventory（领导实践量表）; qualitative investigation（定性调查）; school bureaucracy（学校官僚体制）; democratic school leadership（民主学校领导）; creative leadership practice（创造性领导实践）; main leadership style（主要领导风格）; school principal（校长）; school effectiveness（学校效能）
1	26	1	1995	different countries（不同国家）	common aspect（共同方面）; same principal characteristics（相同的主要特征）; Mexican experience（墨西哥经验）; inconsistent result（不一致结果）; entire school culture（整个学校文化）; administrative difficulties（行政困难）; analysing particular cases（分析特殊案例）; positive result（积极结果）; teachers abilities（教师能力）; many factor（多因素）; national programme（国家计划）; official message（官方信息）; curriculum intervention（课程干预）; gendered practice（性别实践）; compulsory heterosexuality（强制异性恋）; sexual health（性健康）; hegemonic masculinity（霸权男性气质）; international school（国际学校）; common culture（共同文化）; private school（私立学校）; principal venturesomeness（校长冒险性）

聚类编号	规模	轮廓值	中间年	聚类标签词	引用的关键词(多于30个的,只呈现有代表性的)
2	24	0.974	2010	mental health(心理健康)	participatory action research(参与性行动研究);par intervention(常态干预);strong predictor(强预测因子);school sport(学校运动);schools commitment(学校投入);changing pedagogical practice(变革教育实践);achieving academic success(取得学业成功);qualitative study(定性研究);positive school culture(积极学校文化);good mental health(良好的心理健康);protective factor(保护因素);supportive school culture(支持性学校文化);effective method(有效方法);public health intervention(公共健康干预);educational setting(教育环境);causal relationship(因果关系);major approaches(主要方法);analysing organizational culture(组织文化分析);studying organizational culture(研究组织文化);school environment(学校环境);school management(学校管理);educational factor(教育因素);leadership processes(领导过程)
3	20	0.877	2014	general school ict culture(普通学校信息通信技术文化)	student viewpoint(学生观点);student experience(学生体验);questioning cultural norm(质疑文化规范);related matter(相关问题);curricular integration(课程整合);electronic survey(电子调查);student concern(学生问题);student attitude(学生态度);school culture transformation(学校文化转型);different school culture(不同的学校文化);developmental need(发展需要);teacher-parents e-communication(教师家长电子沟通);using technology(使用技术);school portal(学校门户);gradual national ict program(渐进式国家信息通信技术计划);digital competence(数字能力);digital content use(数字内容使用);ict facilitator(信息通信技术促进者);class website(班级网站)

聚类编号	规模	轮廓值	中间年	聚类标签词	引用的关键词（多于30个的，只呈现有代表性的）
4	18	0.882	2018	democratic school culture（民主学校文化）	democratic school leadership（民主学校领导）；changing school culture（改变学校文化）；learning environment（学习环境）；decision-making process（决策过程）；descriptive survey design（描述性调查设计）；training program（培训计划）；large-scale educational reform（大规模教育改革）；democratic school culture scale（民主学校文化量表）；teacher efficacy belief（教师效能感）；structural equation modeling（结构方程模型）；institutional context（制度背景）；semi-structured interview（半结构访谈）；quantitative procedure（量化程序）；reform document（改革文档）；qualitative analytic approach（定性分析方法）；mixed-methods approach（混合方法）；organizational culture（组织文化）；participatory action research（参与式行动研究）；organizational commitment（组织投入）；being representative（具有代表性）；participatory culture（参与式文化）；encouraging personnel（鼓励职员）；school culture score（学校文化问卷）
5	17	0.922	2014	beginning teacher（新任教师）	overcoming barrier（克服障碍）；direct support（直接支持）；key event（关键事件）；healthy school culture（健康学校文化）；collective effort（集体努力）；teacher preparation（教师准备）；present status（现状）；physical education teacher（体育教师）；organizational change（组织变革）；healthy culture（健康文化）；reform-based practice（基于改革的实践）；individuals intention（个体意向）；additional attention（额外注意）；institutional demand（制度需要）；induction experience（入职经历）；beginning teachers perception（新任教师认知）；teacher commitment（教师投入）；workplace value orientation（工作场所价值取向）；individual development（个人发展）

聚类编号	规模	轮廓值	中间年	聚类标签词	引用的关键词(多于30个的,只呈现有代表性的)
6	14	1	2005	informal learning(非正式学习)	learning organization(学习组织); pupil answer(学生回答); taking photo(拍照); daily school setting(日常学校设置); different perspective(不同视角); little communities(小社区); photo presentation(照片展示); consensus building(建立共识); active participant(积极参与者); valuable insight(价值领悟); school life(学校生活); school infrastructure(学校基础设施); classroom environment(课堂环境); building structure(建筑结构); teacher workplace(教师工作场所); key interrelated cultural qualities(关键相关文化素质); organizational arrangement(组织安排); schools mission(学校使命); student commitment(学生投入); prosocial behavior(亲社会行为); antisocial behavior(反社会行为)

0号聚类主要聚焦于学校管理人员有关学校文化建设的领导实践,关注学校领导、校长、行政人员、学校利益相关者等群体,通过定性调查等方法探讨其学校文化建设方面的领导能力、具体行动、导向作用以及阻碍学校文化建设因素等方面的内容。

1号聚类主要关注不同国家学校文化建设经验,以国际学校、私立学校等为研究对象,通过分析案例来了解与探讨不同国家在学校文化建设上的国家计划、具体行动实践、行政困难等内容,总结学校文化建设的有效经验、多方因素及共同特征等。

2号聚类着重探究学校文化建设在心理健康上的作用与价值,采用行动研究、定性研究等方法,从组织文化、领导过程、教育环境、变革教育实践、学校运动、学校投入、学校管理、常态干预等维度来考察积极、支持性学校文化与良好心理健康的关系,并对借助学校文化建设提升心理健康的有效方法进行了研究。

3号聚类主要聚焦学校文化建设的新趋势——学校的信息通信技术文

化，从学校文化转型角度对学校数字能力、数字内容使用、班级网络、学校门户、学生体验、课程整合、相关问题等内容进行了全面探讨。

4号聚类主要涉及民主学校文化内容，通过行动、定性、定量以及混合研究的方法，对民主学校文化建设的具体方面，比如组织文化、教师效能感、制度背景、学习环境、决策过程等进行了调查研究。

5号聚类主要着眼于新任教师群体，强调学校文化对教师的直接支持作用，从入职经历、关键事件、教师准备、组织变革等方面探究了教师投入、个体意向、教师认知、工作场所价值取向与学校文化的关系，深入剖析健康学校文化建设对于教师个人发展的重要意义。

6号聚类主要聚焦于学校文化建设的方法。探究如何通过学习组织、日常学校设置、小社区、照片展示、学校生活、课堂环境、学校基础设施、建筑结构、教师工作场所、学校使命、组织安排等非正式学习的方法使学校中的人员成为学校文化建设的积极参与者，进而影响学校成员的行为、帮助建立共识并提升价值领悟。

（三）来源期刊、发文作者及机构与合作分析

1. 来源期刊分析

对400篇文献的来源期刊进行统计分析，发文量 ≥ 5 的期刊信息见表3-5。国际期刊中有关中小学学校文化研究分布分散，400篇文献共计源自271种期刊，多为教育管理、政策、技术、教学类。发文量排首位的期刊为：《教育管理行政与领导》（*Educational Management Administration & Leadership*）（9篇）与《学校效率和学校改进》（*School Effectiveness and School Improvement*）（9篇）。

表3-5　1958—2022 年国际期刊中有关中小学学校文化研究发文量 ≥ 5 的期刊统计

期刊名称	发文数量（篇）
Educational Management Administration & Leadership （《教育管理行政与领导》）	9

期刊名称	发文数量(篇)
School Effectiveness and School Improvement (《学校效率和学校改进》)	9
Educational Administration Quarterly (《教育行政季刊》)	8
Educational Leadership(《教育领导》)	8
Teaching and Teacher Education (《教学和教师教育》)	8
Anthropology & Education Quarterly (《人类学与教育季刊》)	6
British Journal of Sociology of Education (《英国教育社会学杂志》)	6
Journal of Curriculum Studies(《课程研究杂志》)	5
Journal of Research in Science Teaching (《科学教学研究杂志》)	5

2. 发文作者与合作分析

对发文作者进行统计分析，发文量≥3的作者信息见表3-6。国际期刊中有关中小学学校文化研究作者群体广泛，400篇文献共有860名作者，有58名作者发文量≥2篇。

表3-6　1958—2022年国际期刊中有关中小学学校文化研究发文量≥3的作者统计

作者	发文数量(篇)
Bektas, Fatih	4
Devos, Geert	4
Barr, Jason J	3
Karadag, Engin	3
Louis, Karen Seashore	3

进一步借助 CiteSpace 软件对中小学学校文化研究作者的合作情况进行分析，以 Author 为节点类型，阈值选择 TopN=50、Slice=5，设置合作频次 ≥ 2，结果发现，国际期刊中有关中小学学校文化研究作者合作频次较低。

3. 发文机构与合作分析

对发文机构进行统计分析，发文量 ≥ 4 的作者所在机构信息见表 3-7。国际期刊中有关中小学学校文化研究机构广泛，400 篇文献基本来源于高校，其中有 50 个机构的发文量 ≥ 2 篇。发文量排首位的机构为根特大学。

表 3-7 1958—2022 年国际期刊中有关中小学学校文化研究发文量 ≥ 4 的机构统计

机构	发文数量(篇)
Ghent University(根特大学)	7
Near East University(近东大学)	6
Johannesburg University(约翰内斯堡大学)	4
Pendidikan Indonesia University (印度尼西亚彭迪迪坎大学)	4
Ataturk University(阿塔图尔克大学)	4
Birmingham University(伯明翰大学)	4

进一步借助 CiteSpace 软件对中小学学校文化研究机构的合作情况进行分析，以 Institution 为节点类型，阈值选择 TopN=50、Slice=5，设置合作频次 ≥ 2，结果发现，国际期刊中有关中小学学校文化研究机构合作频次较低。

（四）研究方法的特点

通过对 400 篇文献进行细致阅读后发现，中小学学校文化研究方法多元，理论、行动、案例、定量、质性、混合研究方法均有，但以实证类的研究居多。其中，质性研究又具体包括访谈、叙事、民族志等方法；定量研究包括问卷和记录数据二次分析。在对应的研究内容上，非实证性理论研究主要围绕学校文化的概念、结构、类型、价值等内容，而实证性中小学学校文化建设研究的内容则比较丰富，不仅包括学校文化与学校管理者、教师、学生、家长等不同群体间的关系分析，还包括学校文化与外部环境（宗教制度、教育改革、政府政策、移民现象）间的影响机制探究，更涉及影响学校文化发展的因素、学校文化建设的策略等内容，具体见表3-8。

表3-8　国际期刊中有关中小学学校文化研究的主要研究方法及研究内容

研究方法	研究内容
行动研究	学校文化与学生心理健康；学校文化与教师跨文化专业发展；学校文化与学校领导风格；学校文化建设创新实践；学校文化的具体表现；改变学校组织文化的可行措施等
案例分析	学校文化与教学(课堂教学、教师教学)；学校组织文化(比较、特征、工作绩效)；学生感知学校文化的方式；学校文化与科学教育改革；学校学习文化；学校文化与教师的专业发展(初任教师职业发展)；学校文化模式；学校物理环境文化建设；学校文化与学校管理者(校长教学领导风格)；学校文化与教育(品格教育、性格教育、户外教育、环境保护教育)；学校文化建设经验、策略及影响因素；学校文化与学校体育运动；反学校文化的具体表现(吸毒、吸烟、校园欺凌、职场欺凌、表演性学校文化、饮酒)；政府援助和相关政策与学校制度文化；学校文化与教师家长参与；学校文化与学生专业学习、移民现象对于学校文化的影响
叙事研究	学校文化中的性文化；课堂学习与学校文化的影响关系
访谈研究	学校文化与特殊需要学生(自闭症、脑瘫)；学校文化与融合教育；学校文化与种族主义；学校文化的类型与特征；学校文化与教师非正式学习；学校文化与学生心理健康；学校文化与学校组织发展；宗教性质法律施行对学校文化的影响；学校文化与性安全教育；学校性文化与宗教文化；学校文化与课程教学内容；学校文化与学校领导；学校文化与体育健康；学校文化与歧视问题(性别歧视、种族主义、性别取向歧视)；校园体育文化；转变学校文化的挑战；农村学校文化；教育技术与学校文化
问卷调查	学校文化与教师(社会和教育能力、教学绩效、工作或教学投入、技术使用、专业化发展、幸福感、心理安全)；学校文化与学生(软技能、亲社会行为、吸烟行为、学习成绩、幸福决策能力、学习动机)；学校文化与学校管理者(变革型领导、校长领导实践、民主学校领导、领导风格)；学校文化中阻碍教育变革的因素；学校STEM文化评估工具；学校文化与课堂学习；校园文化与文化交流；学校文化与气候变化教育；影响学校文化发展的因素；学校组织文化和学校生产力；学校ICT文化；不同学校的学校文化差异比较

研究方法	研究内容
混合研究	学校文化与学生复原力；学校文化与教育变革；学校文化与教师专业发展；建设创意学校文化的障碍；学校文化与性少数群体；影响学校文化改变的因素；学校文化与学生社交情感学习；学校文化与学校领导；学校文化管理；职业高中学校文化特点；学校文化与学生生态智力；网络教学环境对学校文化的影响（后疫情时代）；学校文化与计算机电脑；制度环境与学校文化

（五）主要研究内容概述

1.学校文化建设现状

研究者从学校文化特征表现和评估方面进行了研究，而在学校文化的具体类别上，组织文化是学者讨论频次较高的文化类型。

（1）学校文化的特征表现。

尤基·丁科（Jukić Dinko）指出传统学校文化的特点是特别容易受到组织价值观、规范、刻板印象、传统、标准、仪式、习惯等的影响，但是在新冠疫情期间，学校文化与学校氛围都受到了考验，所有的事件、规则和规范都需要适应新的形式，而传统的学校文化模式在向远程教学转变过程中存在一定的脆弱性，因为所有的负担都转移到了教师身上，其认为在学校文化中，除了学生以外，最重要的部分不是昂贵的 IT 设备、宽敞的大厅或丰富的图书馆等学校物质环境文化，而是教师本身。[1] 朱昌（Zhu Chang）等通过学校文化量表，从目标导向、领导力、创新性、参与决策及正式关系五个维度对 40 所汉语小学和 44 所佛兰德语小学学校文化特征进行调查后发现，佛兰德语学校在领导力、创新导向、参与性决策以及教师之间的正式关系上的得分显著高于汉语学校，这表明佛兰德语学校文化更具有支持性和民主性；研究同样发现汉语学校和佛兰德语学校文化存在内部差异，表现为：中国城市学校参与性决策水平高于农村学校，高 GDP 地区的学校在目标导向、领

---

[1] DINKO J . The Role of Teacher and Organizational Culture in School Management ［J］. Strategic Management，2022，27：17-28.

导导向和创新导向三个维度上的得分最高，GDP 水平较低地区的学校在正式关系维度得分高于 GDP 水平中等地区的学校，GDP 中等水平地区的学校在参与性决策维度和正式关系维度上的得分最低；佛兰德语社区学校在创新导向、参与性决策和正式关系维度上的得分高于免费资助学校。❶ 塔米尔·伊曼纽尔（Tamir Emanuel）等对 35 名以色列高中校长进行深度访谈后，总结分析了四种优秀学校文化的特征：第一种为以价值为基础的学校文化，其特点是强调学校所强调的各种价值，校长们提到的价值观包括对学生、教师和社区的尊重；第二种为关怀性学校文化，其特点是信任与积极氛围；第三种为成就导向的学校文化，其特点是注重学术成绩，缺乏多样性；第四种为创造性学校文化，其特点是鼓励创新冒险。❷ 库格尔马斯（Kugelmass）揭示美国、英国、葡萄牙三所拥有包容性学校文化的共同特征后指出，协作、合作、同情关怀是这些学校文化的核心特点，具体体现为：对包容的坚定承诺和信念、学生和教职员之间的差异被视为资源、员工和孩子之间的团队合作和互动风格、员工愿意努力维持实践、包容被理解为一个社会或政治问题、致力于在学校和社区传播包容性的理想。❸ 内吉斯·伊西克（Negis–Isik）等指出学校组织文化的突出特征是来自不同视角的教师有着积极的关系、在解决问题时有着共同的态度以及领导力。❹ 扎维列夫斯基（Zavelevsky）等考察了有利于留住新手教师的生态学校文化的特点，指出生态学校文化具有多维度的框架，其特征包括组织实践、同伴交流、个人方面、社区、工作条件和教师地位等类别。❺

❶ ZHU C, DEVOS G, TONDEUR J. Examining School Culture in Flemish and Chinese Primary Schools [J]. Educational Management Administration and Leadership, 2013, 42: 557–575.

❷ EMANUEL T, SHERRY G S. A "Cracking" School Culture: Leading Resource Exploitation during Implementation of a National Reform [J]. Journal of Educational Administration, 2021, 59: 650–665.

❸ KUGELMASS J W. Sustaining Cultures of Inclusion: The Value and Limitation of Cultural Analyses [J]. European Journal of Psychology of Education, 2006, 21: 279–292.

❹ NEGIS–ISIK A, GURSEL M. Organizational Culture in a Successful Primary School: An Ethnographic Case Study [J]. Educational Sciences: Theory & Practice, 2013, 13: 221–228.

❺ ZAVELEVSKY E, LISHCHINSKY O S. An Ecological Perspective of Teacher Retention: An Emergent Model [J]. Teaching and Teacher Education, 2020, 88（1）: 4–5.

（2）学校文化评估。

有研究者指出可以从个人自主、结构、支持、认同、绩效奖励、冲突容忍、风险容忍七个方面来评估学校文化的水平。❶也有研究者认为反映学校成就的积极组织故事可以看作学校文化的主要资本，因此可以将组织故事作为分析学校文化的工具，分析的组织故事更倾向于解释学校文化的非正式结构，而不是学校文化的正式结构，组织故事主要围绕校长—教师关系、课堂管理、学校—家长关系、领导和组织冲突等问题展开；此外，其认为单独的组织故事不能完全解释一所学校的文化，应结合其他学校文化的评估分析方法。❷另一被较多用来评估学校文化和学校氛围的工具为加州学校氛围和调查简表（The California School Climate and Survey-Short Form），该表分为十个维度：规则和规范、物理安全、社会和情感保障、对学习的支持、社会和公民学习、尊重多样性、社会支持——成年人、社会支持——学习者、学校联盟以及物理环境，得分越高表明受访者认为学校文化和学校氛围是积极的。❸此外，也有印度尼西亚学者使用其国家教育部在2010年《学校文化教育和民族性格发展指导意见》中所规定的从领导力、榜样、友好、宽容、勤奋、纪律、社会关怀、环境保护、民族主义和责任感维度衡量学校文化的方法来评估测量一个学校的学校文化。❹奥兹涅尔（Ozgenel）等则基于泰尔齐（Terzi）2005年的学校文化模型，从任务文化、支持文化、成就文化、官僚文化四个方面对伊斯坦布尔彭迪克区多所中小学的学校文化进行了调查。❺布斯塔曼特（Bustamante）等使用学校文化能力观察清单作为学校文化审计

---

❶ UGURLU C T . The Significance of School Culture in Elementary Schools in Terms of Organizational Development［J］. Procedia-Social and Behavioral Sciences, 2009, 1（1）: 1003-1007.

❷ Celik V. Understanding School Culture Via Analyzing Organizational Stories［J］. African Journal of Business Management, 2010, 4: 103-110.

❸ BARNES K , BRYNARD S , WET C D . The Influence of School Organisational Variables on School Violence in the Eastern Cape Province［J］. South African Journal of Education, 2012, 32: 69-82.

❹ AMTU O, MAKULUA K, MATITAL J, et al. Improving Student Learning Outcomes through School Culture, Work Motivation and Teacher Performance［J］. International Journal of Instruction, 2020, 13: 885-902.

❺ OZGENEL M, CANPOLAT O, YAGAN E. School Culture as a Tool for the Development of Occupational Commitment［J］. Journal of Humanity and Society, 2020, 10（2）: 28-56.

的工具，该清单从学校的愿景和使命、课程、学生互动与领导力、教师、教学和学习、家长和外部社区、冲突管理等 33 个条目评定学校文化的特征。❶

2.学校文化建设与学校成员的关系

（1）学校文化与学校管理者。

研究者从领导风格、领导类型、领导能力、领导实践以及学校管理等方面对学校文化进行了研究。

沙欣（Sahin）对土耳其伊兹密尔 6 所学校 157 名教师进行了校长教学领导能力和学校文化的问卷调查发现，校长教学领导风格与学校文化之间存在高度的正向关系，教学领导在统计学上对学校文化的所有因素都有显著影响。❷

帕祖尔（Pazur）等通过调查证实，学校民主文化水平与学校民主领导之间存在显著正相关关系，学校民主领导与学校民主文化之间的相关程度随校长任期的长短而变化，研究指出，校长的有意识或无意识行为能够有助于形成民主学校文化。❸

克莱恩（Klein）分别考察了成熟学校文化和年轻学校文化校长在领导实践方面的差异发现，成熟学校文化有时会阻碍校长的领导实践，同时其指出，对于校长的领导力研究，除了关注每个学校的学校文化外，还应关注与学校文化相关联的制度背景等因素。❹

尼曼（Niemann）等采用领导力实践量表和学校组织文化问卷调查了南非 30 所学校校长的领导实践与学校现有组织文化之间的关系，结果发现，校长的领导实践与学校组织文化的各维度之间呈显著正相关关系，校长的五

❶ BUSTAMANTE R M, NELSON J A, ONWUEGBUZIE A J. Assessing Schoolwide Cultural Competence：Implications for School Leadership Preparation［J］. Educational Administration Quarterly，2009，45. 793–827.

❷ SAHIN S. The Relationship between Instructional Leadership Style and School Culture［J］. Educational Sciences：Theory & Practice, 2011, 11（4）：1920–1927.

❸ PAZUR M, DOMOVIC V, KOVAC V. Democratic School Culture and Democratic School Leadership［J］. Croatian Journal of Education, 2021, 22（4）1137–1155.

❹ KLEIN E D, BRONNERT-HARLE H. Mature School Cultures and New Leadership Practices—An Analysis of Leadership for Learning in German Comprehensive Schools［J］. Zeitschrift Für Erziehungswissenschaft, 2020, 23（5）：955–977.

种领导实践：挑战过程、激发共同愿景、使他人行动、建构方式和鼓励心灵均对学校组织文化起到了影响作用，表明校长能够培养积极的学校文化。❶

奥西纳姆（Osiname）对 5 位来自包容性学校文化的校长进行深度访谈后得出，这些校长是塑造包容性学校文化的关键，参与访谈的校长强调合作和沟通是建立包容性学校文化的两个重要因素，其通过与教师、学生、家长以及学校所在社区建立积极的关系成功构建了支持性的文化环境，并利用服务型领导、情景型领导和基于价值的决策来服务和支持每个人，从而实现了包容性学校文化的建立，在领导实践上，文化、变革、领导力、包容以及挑战是构建包容性学校文化的合适模式。❷

阿里（Ali）对巴基斯坦开伯尔 – 普赫图赫瓦省马尔丹区 138 所中学学校文化水平、校长教育领导力以及学校效能进行调查后发现，当前地区学校文化水平和校长教育领导力较低，学校效能水平中等，进一步分析证明学校文化与校长教育领导力、学校效能之间存在较强正相关，中介检验显示学校文化在校长教育领导力与学校效能之间起完全中介作用。研究结果证明，由教育领导人发展的学校文化可以为学校的发展和生产力作出贡献，而且不需要任何额外的成本。❸

威廉姆斯（Williams）等对接纳自闭症学生进行循证实践的 30 所学校包容性学校文化和氛围进行访谈调查发现，校长在学校文化和氛围建设上发挥了主导作用，通过分析确定了校长用来创建包容性、循证性学校文化和氛围的主要策略，这些策略包括：支持教师获得专注于自闭症的专业发展；将绩效预期、评估与自闭症学生的需求和循证实践交付相一致；分配资源以确保有足够的人员、材料和培训来实施循证实践；开放和灵活地允许教师根据需要使用教学楼和资源以满足学生的需求；提供直接的帮助、反馈；公开重视

❶ NIEMANN R，KOTZÉ T. The Relationship between Leadership Practices and Organisational Culture：An Education Management Perspective［J］. South African Journal of Education，2006，26：609–624.

❷ OSINAME A T. Utilizing the Critical Inclusive Praxis：The Voyage of Five Selected School Principals in Building Inclusive School Cultures［J］. Improving Schools，2017，21（1）：1–21.

❸ ALI N. Teachers' Perceptions of the Relationship between Principals' Instructional Leadership, School Culture，and School Effectiveness in Pakistan［J］. Education and Science，2017：407–425.

特殊教育教师的工作，并对那些在循证实践中发展专业知识的人给予认可等。❶

朱昌等的研究发现，学校领导在塑造学校文化和影响教师组织承诺及幸福感方面扮演着非常重要的角色，学校校长影响学校文化质量，并通过学校文化影响教师绩效。❷

（2）学校文化建设与学生发展。

研究者从心理健康、软技能、亲社会行为、反社会行为、学习动机、复原力、生态智力、学习成绩等方面对学校文化进行了探究。

杰西曼（Jessiman）等的研究证实，学校文化的结构和背景、组织和学术、社区、安全和支持对学生的心理健康均有影响，学校文化中出现的对学生心理健康产生重要影响的因素有学生和教职工的多样性、包容性实践、牧师支持、学校关系和互动的质量、学生的声音，但受访者认为学生和教职员工群体的多样性（跨种族、社会经济地位、性别和性取向）是可能影响学生心理健康的学校文化关键因素。❸

艾哈迈德（Ahmad）等对 3 所国立中学、宗教中学、职业技术中学进行调查后发现，学校文化影响中学生软技能的提升，不同类型学校文化对学生的软技能发展存在差异，表现为：职业技术高中学生获得学校文化的支持程度最高，学生的领导能力、沟通能力、思维能力、信息技术管理能力、人际交往能力以及协作能力等软技能显著高于国立中学和宗教中学。❹ 这表明学校文化对学生思维和人际交往能力有很大影响。

在学校文化和亲社会行为的关系上，当前研究结果存在分歧。艾达

❶ WILLIAMS N, FREDERICK L, CHING A, et al. Embedding School Cultures and Climates that Promote Evidence-based Practice Implementation for Youth with Autism: A Qualitative Study [J]. Autism, 2021, 25: 1–13.

❷ ZHU C, DEVOS G, LI Y F. Teacher Perceptions of School Culture and their Organizational Commitment and Well-being in a Chinese School [J]. Asia Pacific Education Review, 2011, 12: 319–328.

❸ JESSIMAN P, KIDGER J, SPENCER L, et al. School Culture and Student Mental Health: A Qualitative Study in UK Secondary Schools [J]. Public Health, 2022, 22: 619.

❹ AHMAD A C, CHEW F P, ZULNAIDI H, et al. Influence of School Culture and Classroom Environment in Improving Soft Skills amongst Secondary Schoolers [J]. International Journal of Instruction, 2019, 12: 259–274.

（Aida）等通过研究发现，学校文化对小学学生的亲社会行为有显著影响。❶
有学者在对城市中学学生亲社会行为和反社会行为的调查中也发现，拥有关
怀学校文化的学生亲社会行为比例较高、反社会行为的比例较低，而缺乏关
怀学校文化的学生亲社会行为比例明显较低、反社会行为比例较高。❷但巴
尔（Barr）等研究者却没有发现学校文化与亲社会行为存在关联。❸

巴恩斯（Barnes）等对南非东开普省 30 所高中学校进行了学校文化与学
生校园暴力的调查后发现，一个学校的学校文化和学校氛围越好，校园暴力
的水平越低，回归分析的结果显示学校文化和学校氛围对学生的武器与身体
攻击有影响作用，其建议学校在寻求减少校园暴力和创建安全校园时，应注
意学校文化和学校氛围的以下组成部分：反对暴力的学校政策、教师对学习
者的支持以及学习者的参与。❹杜珀（Dupper）等对美国公立学校中低水平
暴力情况进行考察后也指出，积极的学校文化氛围可以减少忽视、同伴性骚
扰、基于性取向的受害以及教师对学生的心理虐待等学校低级暴力。❺

麦纳基（Mainaki）等指出学生的生态智能发展最佳年龄在 12—18 岁，
其通过研究证实，具有环境内容的学校文化对学习者生态智能的形成有显著
的正向影响，尤其是对环境的亲环境态度、与环境和谐相处的生活技能和参
与环境的保护行为上，因此，学生生态智能的增长可以通过建设含有环境内

❶ AIDA W N, MUHARI, HARMANTO. The Effect of School Culture and Scout Extracurricular to the Prosocial Behavior of Students in Elementary School［J］. Advances in Social Science, Education and Humanities Research, 2018, 222: 247–251.

❷ SHANN M H. Academics and a Culture of Caring: The Relationship between School Achievement and Prosocial and Antisocial Behaviors in Four Urban Middle Schools［J］. School Effectiveness & School Improvement, 1999, 10（4）: 390–413.

❸ BARR J J, HIGGINS–D'ALESSANDRO A. Adolescent Empathy and Prosocial Behavior in the Multidimensional Context of School Culture［J］. Journal of Genetic Psychology, 2007, 168（3）: 231–250; BARR J J, HIGGINS–D'ALESSANDRO A. How Adolescent Empathy and Prosocial Behavior Change in the Context of School Culture: A Two–year Longitudinal Study［J］. Adolescence, 2009, 44（176）: 751–772.

❹ BARNES K, BRYNARD S, WET C D. The Influence of School Organisational Variables on School Violence in the Eastern Cape Province［J］. South African Journal of Education, 2012, 32: 69–82.

❺ DUPPER D, MEYER–ADAMS N. Low–Level Violence［J］. Urban Education, 2002, 37（3）: 350.

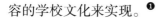

容的学校文化来实现。❶

阿姆图（Amtu）等认为，学校文化不直接影响学生的学习成绩而是通过教师绩效间接地影响学生的学习成绩，建议可以通过提升学校文化影响教师绩效进而提高学生的学习效果。❷

（3）学校文化建设与教师发展。

研究者从教师专业发展、教育能力、幸福感、教学与工作投入、心理安全、教师绩效等方面对学校文化进行了探究。

卢特菲亚娜（Lutfiyana）等通过调查发现，学校组织文化对中学教师专业素养发展有正向显著影响，特别是校长领导对中学教师专业素养发展有正向作用，可以通过建立一个积极性的学校文化来不断支持所有教师的专业发展。❸ 也有研究发现学校文化对新任教师和特殊教育教师的专业发展有影响，扎维列夫斯基（Zavelevsky）等指出，学校文化对新教师的留任有影响，尽管薪酬会影响教师的留任，但缺乏支持的学校文化环境对教师留任起着更大的作用。❹ 其他研究者也发现，普通学校的学校文化不鼓励系统的合作或包容的实践，对初入职特殊教育教师的经验会产生负面影响，在通识教育背景下，刚开始的特殊教育教师需要大量的精力来发展他们的专业。❺

朱昌等分析了学校文化对教师组织承诺和幸福感的影响，结果表明：学校文化中目标导向、领导能力和共同愿景三个主要因素在很大程度上影响教师的组织承诺，这表示一所学校的目标越明确、领导力越强、在学校内有共

❶ MAINAKI R, KASTOLANI W, SETIAWAN I. School Culture and Ecology［J］. Conference Series Earth and Environmental Science，2018，145：1—11.

❷ AMTU O, MAKULUA K, MATITAL J, et al. Improving Student Learning Outcomes through School Culture, Work Motivation and Teacher Performance［J］. International Journal of Instruction，2020，13：885—902.

❸ LUTFIYANA A, SUGITO. Factors Influencing Teacher Professionalism Development on Secondary School［J］. Social Sciences，2019：114—121.

❹ ZAVELEVSKY E, SHAPIRA-LISHCHINSKY O, BENOLIEL P, et al. Ecological School Culture for Novice Teachers' Retention：Principals' Perceptions［J］. Leadership and Policy in Schools，2021（3）：1—16.

❺ STROGILOS V, NIKOLARAIZI M, TRAGOULIA E. Experiences among Beginning Special Education Teachers in General Education Settings：The Influence of School Culture［J］. European Journal of Special Needs Education，2012，27：1—15.

同的愿景，教师就越有可能致力于学校；在教师幸福感方面，研究发现：在一个目标导向明确、积极的正式关系和共同愿景的学校文化中，教师对学校的依恋感更强。❶

奥兹涅尔等研究发现，教师专业投入与学校文化有显著关系，表现为教师专业投入与任务文化、成就文化、支持文化存在正向调节关系，回归分析进一步发现任务文化对教师职业投入具有显著预测作用，这表明教师工作学校的主导文化可以塑造教师的表现，支持教师专业价值观和态度的学校文化使教师能够按照自己的专业行事，并使学校的目标与自己的专业目标相适应。❷尼曼等也表示一所学校的文化在很大程度上形成了教职员工对学校的看法和对工作的投入。❸

沙希德（Shahid）等对学校文化的分析发现，学校文化影响教师的心理安全水平，在协作型和培养型组织文化学校工作的教师心理安全感最高，因为这两种文化都以人为本，强调创造力、创新、协同和团队合作。❹

阿姆图等学者发现，学校文化与教师绩效之间存在显著的相关关系，进一步结构方程模型分析也得出学校文化对教师业绩有直接作用，教师绩效受到学校文化的直接影响，提高教师绩效在很大程度上取决于学校文化的支持、健康、有活力、有创意的学校文化会鼓励教师在教学过程中的表现和学习成果。❺

3.影响学校文化建设的因素

总结已有的研究发现，中小学学校文化建设的影响因素可分为内部和外

❶ ZHU C, DEVOS G, LI Y F. Teacher Perceptions of School Culture and Their Organizational Commitment and Well-being in a Chinese School [J]. Asia Pacific Education Review, 2011, 12: 319-328.

❷ OZGENEL M, CANPOLAT O, YAGAN E. School Culture as a Tool for the Development of Occupational Commitment [J]. Journal of Humanity and Society, 2020, 10（2）: 28-56.

❸ NIEMANN R, KOTZÉ T. The Relationship between Leadership Practices and Organisational Culture: An Education Management Perspective [J]. South African Journal of Education, 2006, 26: 609-624.

❹ SHAHID S, DIN M. Fostering Psychological Safety in Teachers: The Role of School Leadership, Team Effectiveness and Organizational Culture [J]. International Journal of Educational Leadership and Management, 2021, 9（2）: 122-149.

❺ AMTU O, MAKULUA K, MATITAL J, et al. Improving Student Learning Outcomes through School Culture, Work Motivation and Teacher Performance [J]. International Journal of Instruction, 2020, 13: 885-902.

部两个方面。内部因素如管理人员、教师、学生、课程等，外部因素如政策制度、宗教背景、教育改革等。

沙欣认为，健康的学校文化应该建立在教师、学生、家长、工作人员和学校领导之间合作活动的基础上，一方面，管理人员应提供学校成员间协作互动、分享才能、专业发展的机会，以创造积极协作的学校文化；另一方面，管理人员也应定期参加相关培训，提升自身教育领导能力，因为其对学校文化的建设有着主导影响。❶

萨莱斯（Sales）等指出，教师专业发展是转变学校文化的关键因素，通过培训教师文化建设方面的相关知识和培养批判性思维，使其成为学校变革的领导者，进而帮助学校文化朝着跨文化和包容性的方向发展。❷

有研究人员认为应该将课程设计视为创造学校文化的中心工具，基于民间教育学的课程设计可以成为改变和提升学校文化的有用工具。❸因此，中小学涌现出了许多特色课程，如 ICT 课程、STEM 课程，并在此基础上形成了有特色的学校文化。

达戈斯蒂诺（D'Agostino）通过研究发现，学校的文化特征受政府相关政策的影响，表现为政府对政府资助学校人员和学生选择的控制影响学校文化中使命的一致性、目标和价值观以及责任感等内容，因此，在学校文化建设过程中应该考虑学校政治自主性与学校文化之间的关系。❹

研究人员对黎巴嫩地区的学校文化进行考察后发现，政治和社会经济不公正以及糟糕的教育政策使得学校文化过于单一和固化，未能促进多元学校

❶ SAHIN S. The Relationship between Instructional Leadership Style and School Culture［J］. Educational Sciences：Theory & Practice，2011，11（4）：1920–1927.

❷ SALES A，Traver J A，GARCÍA R. Action Research as a School–based Strategy in Intercultural Professional Development for Teachers［J］. Teaching and Teacher Education，2011，27（5）：911–919.

❸ KANG H S. New Design of School Curriculum based on Bruner's Folk Pedagogy Theory［J］. Asia Life Scienses，2016：509–520.

❹ D'AGOSTINO T J. Precarious Values in Publicly Funded Religious Schools：The Effects of Government–aid on the Institutional Character of Ugandan Catholic Schools［J］. International Journal of Educational Development，2017，57：30–43.

文化氛围的建立。❶其他学者同样指出，团队合作作为一种学校文化维度在宗教学校更受到重视，他将其解释为，在与犹太教堂、天主教堂等有从属关系的宗教社区中，拥有强烈的合作意识被认为是重要的。❷

塔米尔·伊曼纽尔等认为，教育改革附属资源可以影响学校文化，改善教师对学校指令和程序的感受，同时，学校文化对学校改进和学校改革举措也有影响。❸科瓦切维奇（Kovačević）等也表示大规模教育改革时期，制度环境对学校文化有激活或停用影响。❹

四、总结与展望

如前所述，基于国际期刊相关文献分析发现，国际上对于中小学学校文化的相关研究总体呈上升态势，在 2016 年之后的研究文献增量明显。研究人员围绕中小学学校文化特征表现、学校文化的评估、学校文化建设与学校成员的关系（学校管理者、学生、教师）、影响学校文化建设的因素等内容进行了研究与探讨。现有研究也呈现出一些不足之处，未来还需要进一步探究。

第一，在研究对象方面，相关调查对象以校长和教师为主，对于学校文化的了解主要通过校长和教师对于学校文化的感知而获得，尽管有些研究涉及学生对于学校文化的认知，但文献数量较少。此外，在学校类型上，城市学校的学校文化受关注多，而农村学校的学校文化研究鲜少涉及。因此，建议在今后中小学学校文化建设的调查对象选择中，兼顾城市学校和农村学

❶ BAYTIYEH H. The Implication of School Culture on Building a Cohesive Pluralistic Society：Evidence from Lebanon［J］. Improving Schools，2018，22（2）：191-200.

❷ GAZIEL H. Impact of School Culture on Effectiveness of Secondary Schools with Disadvantaged Students ［J］. The Journal of Educational Research，1997，90：310-318.

❸ EMANUEL T，SHERRY G S. A "Cracking" School Culture：Leading Resource Exploitation during Implementation of a National Reform［J］. Journal of Educational Administration，2021，59：650-665.

❹ KOVAČEVIĆ J，MUJKIC A，KAPO A. Examining School Leadership in a Transitional Context：A Mixed-methods Study of Leadership Practices and School Cultures as Mechanisms of Educational Change ［J］. Educational Management Administration and Leadership，2020：1-26.

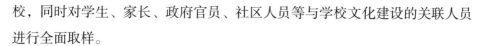

校，同时对学生、家长、政府官员、社区人员等与学校文化建设的关联人员进行全面取样。

第二，在研究工具方面，教师、校长等人员对于学校文化的主观感知是中小学学校文化评估的常规方式，缺乏其他视角的客观评价工具。同时，学校文化评估维度不统一，研究人员对于从哪些方面来评估学校文化存在分歧。因此，未来可以在系统总结中小学学校文化评估工具的基础上，规范学校文化的评估标准，从主观和客观角度制定全面的学校文化评估工具。

第三，在研究内容方面，一是对于学校文化类型的研究还不够丰富，当前国际中小学学校文化建设研究主要集中于包容性、协作性学校文化的研究，特色学校文化研究缺乏，而在学校文化的类型上，对于学校组织文化的研究多，学校课程文化、公共关系文化、课堂教学文化等关注不够，研究有待深入。二是在影响学校文化建设与发展因素的研究中，校长是主要分析对象，理论研究与实证研究均有，但对于可能影响学校文化建设的外部因素，如政策制度、宗教背景、教育改革、区域经济情况等关注不足。三是聚焦"后疫情时代"，在线网络教学对于学校文化的影响探究较少，建议未来丰富相关研究。

第四章　新时代学校文化体系建设现状调查研究

本研究采用自编问卷，以重庆市九龙坡区参加学校文化体系建设项目的 29 所中小学（含职业高中）的管理者和专任教师为对象，调查研究结果显示：29 所项目学校的文化体系建设总体较好，但精神文化建设相对薄弱；建校时长、学校类型、城乡分布等对学校文化体系建设有所影响。相较而言，建校时长 20 年以上的学校、独立设置的小学和中学、城市地区的学校，其文化体系建设优势较为突出；教师对学校文化体系建设的参与意愿及满意度较高，34 岁及以下青年教师、硕士及以上学历教师参与学校文化体系建设的意愿更加强烈，机会更多；学校场地设备受限、经费制约、专家指导不足是学校文化体系建设面临的三大问题。本研究认为，以办学理念为核心的精神文化建设是学校文化体系建设的重难点，以校本课程构建与实施为核心的课程文化建设是学校文化体系建设的增长点，在校长引领下的教师团队是学校文化体系建设的生力军。最后提出建议：一是坚持系统思维，以精神文化建设统领学校文化体系建设；二是坚持自力更生，以专家外力引领助推地方学校文化体系建设。

一、研究对象及工具

（一）研究对象

本研究以重庆市九龙坡区参加学校文化体系建设项目的 29 所中小学（含职业高中）的管理者和专任教师为对象，其中，领导者共 29 名，专任教师共 3402 名，专任教师分布见表 4-1。

表 4-1　专任教师分布情况

分布		人数(名)	占比(%)
性别	男	829	24.4
	女	2573	75.6
	合计	3402	100
是否担任班主任	是	1163	34.2
	否	2239	65.8
	合计	3402	100
所在学校类型	小学	1388	40.8
	初中	472	13.9
	高中	217	6.4
	完全中学	532	15.6
	九年一贯制	421	12.4
	职业高中	372	10.9
	合计	3402	100

（二）研究工具

　　课题组在借鉴北京、四川、贵州等地的中小学学校文化建设与评估等相关指标体系的基础上，自编《学校文化体系建设情况问卷》，其中教师问卷包括两套分问卷。第一套分问卷为《学校文化体系建设基本情况评价》。该分问卷为李克特式 6 点量表，包括精神文化（22 题）、制度文化（10 题）、行为文化与课程文化（18 题）、物质文化（5 题）四个维度，共 55 个条目。精神文化维度包括办学目标追求、核心价值观引领、学校精神培育三个方面；制度文化维度包括行政管理、常规管理、教师管理、家委会机制四个方面；行为文化与课程文化维度包括管理行为、教师行为、学生行为、课程文化四个方面；物质文化维度包括学校标识和校园环境两个方面。经检验，文化体系建设基本情况分问卷的内部一致性信度为 0.998，分半信度为 0.983，各维度的内部一致性信度为 0.986—0.995，分半信度为 0.945—0.987，具有较高的信度。第二套分问卷为《学校文化体系建设问题及建议》，主要包括教师对学校文化建设的参与状况、满意度、学校文化体系建设面临的问题、建议等内容。部分题目部分采用李克特式 3 点计分，部分题目为多选题。管理者问卷主要内容与上述第二套问卷基本一致。数据处理采用 SPSS 16.0 版本。

二、研究结果

（一）学校文化体系建设的现状与特征

1.总体情况：学校文化体系建设总体较好，精神文化建设相对薄弱

为了考察教师对学校文化体系建设各个维度上的评分，对各维度的平均分和标准差进行统计。结果发现，教师对学校文化体系建设的总体评分较高，在各个维度及总分上均高于 5 分，总体均值达到 5.356；在四个维度上，均值由高到低分别是物质文化、行为文化与课程文化、制度文化、精神文化。进一步检验发现，各个维度上的得分存在显著差异。具体而言，精神文化维度上的得分显著低于其他三个维度；制度文化维度上的得分显著低于行为文化与课程文化及物质文化，而物质文化和行为文化与课程文化之间不存在显著差异。

进一步对各维度的二级维度进行分析发现，制度文化维度的教师管理、精神文化维度的办学目标追求和学校精神培育是最为薄弱的三个方面（见表 4-2、图 4-1）。

表 4-2　学校文化体系建设各维度的均值和标准差（n=3402）

维度	均值	标准差
精神文化	5.336	1.019
办学目标追求	5.315	1.086
核心价值观引领	5.348	1.047
学校精神培育	5.341	1.019
制度文化	5.354	1.033

续表

维度	均值	标准差
行政管理	5.365	1.045
常规管理	5.350	1.041
教师管理	5.309	1.100
家委会机制	5.385	1.028
行为文化与课程文化	5.374	1.006
管理行为	5.343	1.056
教师行为	5.379	1.010
学生行为	5.399	0.996
课程文化	5.392	1.002
物质文化	5.377	1.005
学校标识	5.386	1.021
校园环境	5.372	1.006
总问卷	5.356	1.002

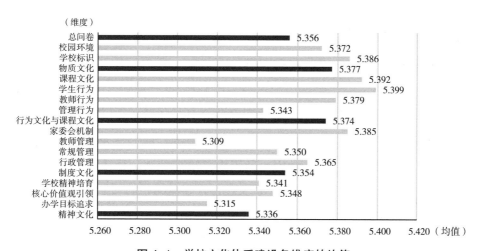

图4-1　学校文化体系建设各维度的均值

2.建校时长：建校时长20年以上的学校文化体系建设状况优势突出

本研究根据学校建校时长的实际，将学校分为建校20年及以下的学校和20年以上的学校。以建校时长为自变量，以教师在学校文化体系建设问卷的四个因子得分和总问卷得分为因变量，进行平均数差异分析，结果显示，在总问卷得分及各维度得分上，建校时长20年以上的学校文化体系建设水平显著高于20年及以下的学校。其中，在精神文化、制度文化以及问卷总平均分上，二者的差异更为显著（见表4-3）。

表4-3　不同建校时长的学校文化体系建设水平的差异分析

维度	建校时长	人数（名）	均值	标准差	t	p
精神文化	20年及以下	658	5.220	1.048	$-3.187**$	0.001
	20年以上	2744	5.364	1.011		
制度文化	20年及以下	658	5.248	1.053	$-2.927**$	0.003
	20年以上	2744	5.379	1.026		
行为文化与课程文化	20年及以下	658	5.286	1.020	$-2.518*$	0.012
	20年以上	2744	5.396	1.001		
物质文化	20年及以下	658	5.304	1.010	$-2.083*$	0.037
	20年以上	2744	5.395	1.003		
总问卷	20年及以下	658	5.254	1.023	$-2.890**$	0.004
	20年以上	2744	5.380	0.996		

注：$*p<0.05$，$**p<0.01$。

3.学校类型：独立设置的小学和中学的文化体系建设优势相对突出

本研究中考虑样本分布及实际学段分布情况，将学段划分为小学、中学、九年一贯制学校、职业高中，其中中学包括初中、普通高中、完全中学。以学段为自变量，以教师在学校文化体系建设问卷的四个因子得分和总问卷得分为因变量，进行单因子方差分析，结果显示，在精神文化、制度文化、行为文化与课程文化、物质文化以及总问卷得分上，小学阶段和中学阶段的学校文化体系建设水平显著高于九年一贯制、职高，换言之，独立设置的小学和中学的文化体系建设优势相对突出（见表4-4）。

表 4-4　不同学段学校文化体系建设水平的差异分析

维度	学段	人数(名)	均值	标准差	F	p	事后比较
精神文化	小学	1388	5.406	0.981	26.044***	0.000	1>3，1>4，2>3，2>4
	中学	1221	5.436	1.010			
	九年一贯制	421	5.077	1.059			
	职高	372	5.042	1.045			
制度文化	小学	1388	5.435	0.997	25.053***	0.000	1>3，1>4，2>3，2>4
	中学	1221	5.441	1.019			
	九年一贯制	421	5.089	1.074			
	职高	372	5.067	1.060			
行为文化与课程文化	小学	1388	5.456	0.970	25.257***	0.000	1>3，1>4，2>3，2>4
	中学	1221	5.455	0.997			
	九年一贯制	421	5.138	1.023			
	职高	372	5.071	1.048			
物质文化	小学	1388	5.460	0.967	25.384***	0.000	1>3，1>4，2>3，2>4
	中学	1221	5.456	0.995			
	九年一贯制	421	5.155	1.013			
	职高	372	5.060	1.065			
总问卷	小学	1388	5.433	0.964	26.177***	0.000	1>3，1>4，2>3，2>4
	中学	1221	5.445	0.993			
	九年一贯制	421	5.106	1.031			
	职高	372	5.058	1.040			

注：1=小学；2=中学；3=九年一贯制；4=职高。

　　***$p<0.001$。

此外，交叉（卡方）分析结果也印证了上述结果。在学校文化体系建设各方面，将6点计分调整为3点，其中"非常不符合"、"比较不符合"与"不符合"合并为"不符合"，"比较符合"与"非常符合"合并为"很符合"，以学段为自变量，学校文化体系建设情况为因变量，交叉（卡方）分析结果显示，差异极其显著。在此，分别从精神文化、制度文化、行为文化、课程文化及物质文化各方面选出五个条目进行交叉（卡方）分析，结果显示，差异均极其显著：（1）学校形成稳定的、科学的、为全校师生广泛认同的核心价值观（χ^2=72.234，*** p<0.001）；（2）学校的教师培训、教师激励评价等管理制度健全科学（χ^2=69.887，*** p<0.001）；（3）学生积极参与学校文化建设，努力实现自主管理和自主发展（χ^2=71.299，*** p<0.001）；（4）以促进学生全面发展为目标，基于国家课程标准，构建学校课程体系（χ^2=74.809，*** p<0.001）；（5）校园周边秩序良好，学校生态环境能体现学校特点和教育理念，合理设置各功能区文化主题，楼名、路名、景点等内涵丰富（χ^2=73.453，*** p<0.001）（见表4–5）。例如，在学校形成稳定的、科学的、为全校师生广泛认同的核心价值观方面，小学、普通中学、九年一贯制学校、职业高中教师选择"很符合"的比例分别是83.57%、85.42%、72.21%、70.70%，即小学和普通中学教师对学校核心价值观形成的评价，好于九年一贯制学校与职业高中教师对学校核心价值观形成的评价；在学生积极参与学校文化建设，努力实现自主管理和自主发展方面，小学、普通中学、九年一贯制学校、职业高中教师选择"很符合"的比例分别是85.66%、85.91%、74.11%、72.31%，即小学和普通中学教师对学生参与学校文化建设的评价好于九年一贯制学校与职业高中教师对学生参与学校文化建设的评价（见表4–5）。

表 4-5　不同类型学校的教师对学校文化建设五方面评价情况的交叉（卡方）分析

条目	选项	小学 人数（名） 占比(%)	普通中学 人数（名） 占比(%)	九年一贯 制学校 人数（名） 占比(%)	职业高 中 人数（名） 占比(%)	总计 人数（名） 占比(%)	χ^2 （p）
学校形成稳定的、科学的、为全校师生广泛认同的核心价值观	不符合	65 (4.68)	57 (4.67)	30 (7.13)	26 (6.99)	178 (5.23)	72.234 (0.000***)
	一般符合	163 (11.74)	121 (9.91)	87 (20.67)	83 (22.31)	454 (13.35)	
	很符合	1160 (83.57)	1043 (85.42)	304 (72.21)	263 (70.70)	2770 (81.42)	
学校的教师培训、教师激励评价等管理制度健全科学	不符合	64 (4.61)	73 (5.98)	28 (6.65)	29 (7.80)	194 (5.70)	69.887 (0.000***)
	一般符合	158 (11.38)	128 (10.48)	93 (22.09)	78 (20.97)	457 (13.43)	
	很符合	1166 (84.01)	1020 (83.54)	300 (71.26)	265 (71.24)	2751 (80.86)	
学生积极参与学校文化建设,努力实现自主管理和自主发展	不符合	40 (2.88)	44 (3.60)	19 (4.51)	19 (5.11)	122 (3.59)	71.299 (0.000***)
	一般符合	159 (11.46)	128 (10.48)	90 (21.38)	84 (22.58)	461 (13.55)	
	很符合	1189 (85.66)	1049 (85.91)	312 (74.11)	269 (72.31)	2819 (82.86)	
以促进学生全面发展为目标,基于国家课程标准,构建学校课程体系	不符合	40 (2.88)	41 (3.36)	15 (3.56)	15 (4.03)	111 (3.26)	74.809 (0.000***)
	一般符合	157 (11.31)	124 (10.16)	96 (22.80)	82 (22.04)	459 (13.49)	
	很符合	1191 (85.81)	1056 (86.49)	310 (73.63)	275 (73.92)	2832 (83.25)	

条目	选项	小学	普通中学	九年一贯制学校	职业高中	总计	χ^2 (p)
		人数(名) 占比(%)	人数(名) 占比(%)	人数(名) 占比(%)	人数(名) 占比(%)	人数(名) 占比(%)	
校园周边秩序良好,学校生态环境能体现学校特点和教育理念,合理设置各功能区文化主题,楼名、路名、景点等内涵丰富	不符合	47 (3.39)	40 (3.28)	18 (4.28)	17 (4.57)	122 (3.59)	73.453 (0.000***)
	一般符合	155 (11.17)	130 (10.65)	97 (23.04)	81 (21.77)	463 (13.61)	
	很符合	1186 (85.45)	1051 (86.08)	306 (72.68)	274 (73.66)	2817 (82.80)	
总计		1388	1221	421	372	3402	

注:***p<0.001。

4.城乡分布：城市学校的文化体系建设状况显著优于农村学校

本研究根据学校所在区域,分为城市学校和农村学校,其中城市学校包括位于主城区和城乡接合区的各类学校;农村学校包括位于镇区和乡村的各类学校。以地区为自变量,以教师在学校文化体系建设问卷的四个因子得分和总问卷得分为因变量,进行平均数差异分析,结果显示,在精神文化、制度文化、行为文化与课程文化、物质文化以及总问卷得分上,城市学校的文化体系建设水平均显著高于农村学校(见表4-6)。

表4-6　学校文化体系建设水平的城乡差异分析

维度	区域	人数(名)	均值	标准差	t	p
精神文化	城市	2923	5.363	1.019	3.781***	0.000
	农村	479	5.173	1.010		
制度文化	城市	2923	5.380	1.031	3.675***	0.000
	农村	479	5.193	1.027		

续表

维度	区域	人数(名)	均值	标准差	t	p
行为文化与课程文化	城市	2923	5.401	1.003	3.786***	0.000
	农村	479	5.214	1.008		
物质文化	城市	2923	5.406	1.000	4.135***	0.000
	农村	479	5.202	1.016		
总问卷	城市	2923	5.382	1.000	3.846***	0.000
	农村	479	5.193	1.001		

注：*** $p<0.001$。

此外，交叉（卡方）分析结果也印证了上述结果。在学校文化体系建设各方面，以城乡分布为自变量，学校文化体系建设情况为因变量，交叉（卡方）分析结果显示，差异极其显著。在此，同样分别从精神文化、制度文化、行为文化、课程文化及物质文化各方面选出五个条目进行交叉（卡方）分析，结果显示，差异均极其显著：（1）学校形成稳定的、科学的、为全校师生广泛认同的核心价值观（$\chi^2=18.738$，*** $p<0.001$）；（2）学校的教师培训、教师激励评价等管理制度健全科学（$\chi^2=14.009$，*** $p<0.001$）；（3）学生积极参与学校文化建设，努力实现自主管理和自主发展（$\chi^2=22.581$，*** $p<0.001$）；（4）以促进学生全面发展为目标，基于国家课程标准，构建学校课程体系（$\chi^2=17.220$，*** $p<0.001$）；（5）校园周边秩序良好，学校生态环境能体现学校特点和教育理念，合理设置各功能区文化主题，楼名、路名、景点等内涵丰富（$\chi^2=13.770$，*** $p<0.001$）（见表4-7）。例如，在学校的教师培训、教师激励评价等管理制度健全科学方面，城市与农村教师选择"很符合"的比例分别是81.77%、75.37%，即城市地区的教师对学校在教师管理制度方面的评价要高于农村地区的教师对学校的评价；在以促进学生全面发展为目标，基于国家课程标准，构建学校课程体系方面，城市与农村教师选择"很符合"的比例分别是84.26%、77.04%，即城市地区的教师对学校在课程体系建设方面的评价要高于农村地区的教师对学校的评价（见表4-7）。

表4-7 城乡教师对学校文化建设五方面评价的交叉（卡方）分析

条目	选项	城市	农村	总计	χ^2	p
		人数（名）占比(%)	人数（名）占比(%)	人数（名）占比(%)		
学校形成稳定的、科学的、为全校师生广泛认同的核心价值观	不符合	148 (5.06)	30 (6.26)	178 (5.23)	18.738	0.000***
	一般符合	362 (12.38)	92 (19.21)	454 (13.35)		
	很符合	2413 (82.55)	357 (74.53)	2770 (81.42)		
学校的教师培训、教师激励评价等管理制度健全科学	不符合	166 (5.68)	28 (5.85)	194 (5.70)	14.009	0.000***
	一般符合	367 (12.56)	90 (18.79)	457 (13.43)		
	很符合	2390 (81.77)	361 (75.37)	2751 (80.86)		
学生积极参与学校文化建设，努力实现自主管理和自主发展	不符合	102 (3.49)	20 (4.18)	122 (3.59)	22.581	0.000***
	一般符合	364 (12.45)	97 (20.25)	461 (13.55)		
	很符合	2457 (84.06)	362 (75.57)	2819 (82.86)		
以促进学生全面发展为目标，基于国家课程标准，构建学校课程体系	不符合	94 (3.22)	17 (3.55)	111 (3.26)	17.220	0.000***
	一般符合	366 (12.52)	93 (19.42)	459 (13.49)		
	很符合	2463 (84.26)	369 (77.04)	2832 (83.25)		

条目	选项	城市 人数(名) 占比(%)	农村 人数(名) 占比(%)	总计 人数(名) 占比(%)	χ^2	p
校园周边秩序良好，学校生态环境能体现学校特点和教育理念，合理设置各功能区文化主题，楼名、路名、景点等内涵丰富	不符合	102 (3.49)	20 (4.18)	122 (3.59)	13.770	0.000***
	一般符合	373 (12.76)	90 (18.79)	463 (13.61)		
	很符合	2448 (83.75)	369 (77.04)	2817 (82.80)		
总计		2923	479	3402		

注：***p<0.001。

（二）不同背景特征的教师对学校文化体系建设水平认识的差异

教师作为问卷填答的主体，调查结果不仅反映学校文化体系建设水平状况，同时也直接反映教师对学校文化体系建设水平的主观认识和评价。因而，教师自身不同的背景特征也在影响着其所感知到的学校文化体系建设状况。本部分着重考察不同背景特征的教师对学校文化体系建设水平认识的差异。

1. 性别：男教师与女教师对学校文化体系建设的认识水平不存在显著差异

以性别为自变量，以教师在学校文化体系建设问卷的四个因子得分和总问卷得分为因变量，进行平均数差异分析。结果显示，在总问卷得分及各维度得分上，女教师的得分普遍高于男教师，说明女教师对学校精神文化、制度文化、行为文化与课程文化、物质文化以及整体建设水平的评价更积极，但两者之间不存在显著差异（见表4-8）。

表 4-8　不同性别教师对学校文化体系建设水平认识的差异分析

维度	性别	人数（名）	均值	标准差	t	p
精神文化	男	829	5.286	1.098	-1.559	0.119
	女	2573	5.352	0.993		
制度文化	男	829	5.309	1.115	-1.373	0.170
	女	2573	5.368	1.004		
行为文化与课程文化	男	829	5.337	1.081	-1.185	0.236
	女	2573	5.387	0.980		
物质文化	男	829	5.334	1.083	-1.347	0.178
	女	2573	5.391	0.978		
总问卷	男	829	5.311	1.083	-1.400	0.162
	女	2573	5.370	0.975		

2. 是否担任班主任：班主任和非班主任对学校文化体系建设水平的评价不存在显著差异

以是否担任班主任为自变量，以教师在学校文化体系建设问卷的四个因子得分和总问卷得分为因变量，进行平均数差异分析。结果显示，在精神文化、制度文化、行为文化与课程文化、物质文化以及总问卷得分上，担任班主任的教师的得分普遍低于非班主任教师，说明不担任班主任的教师对学校精神文化、制度文化、行为文化与课程文化、物质文化以及整体建设水平的评价相对要积极一些，但二者之间不存在显著差异（见表4-9）。

表 4-9　是否担任班主任的教师对学校文化体系建设水平认识的差异分析

维度	是否担任班主任	人数（名）	均值	标准差	t	p
精神文化	是	1163	5.322	1.035	-0.567	0.571
	否	2239	5.343	1.012		

续表

维度	是否担任班主任	人数(名)	均值	标准差	t	p
制度文化	是	1163	5.336	1.052	-0.724	0.469
	否	2239	5.363	1.022		
行为文化与课程文化	是	1163	5.355	1.026	-0.833	0.405
	否	2239	5.385	0.995		
物质文化	是	1163	5.364	1.026	-0.571	0.568
	否	2239	5.384	0.993		
总问卷	是	1163	5.339	1.024	-0.692	0.489
	否	2239	5.364	0.991		

3. 年龄：年轻教师对学校文化体系建设水平的评价更积极

以年龄为自变量，以教师在学校文化体系建设问卷的四个因子得分和总问卷得分为因变量，进行平均数差异分析。结果显示，在总问卷得分及各维度得分上，34 岁及以下的教师显著高于 35—49 岁的教师和 50 岁及以上的教师，但后两者的得分之间不存在显著差异。整体来看，年轻教师对学校文化体系建设水平的认知和评价更加积极（见表 4-10、图 4-2）。

表 4-10　不同年龄的教师对学校文化体系建设水平认识的差异分析

维度	年龄	人数(名)	均值	标准差	F	p	事后比较
精神文化	34 岁及以下	1485	5.418	0.977	8.667***	0.000	1>2, 1>3
	35—49 岁	1418	5.281	1.081			
	50 岁及以上	499	5.249	0.946			
制度文化	34 岁及以下	1485	5.436	0.987	8.983***	0.000	1>2, 1>3
	35—49 岁	1418	5.304	1.087			
	50 岁及以上	499	5.250	0.988			

续表

维度	年龄	人数(名)	均值	标准差	F	p	事后比较
行为文化与课程文化	34岁及以下	1485	5.449	0.971	7.715***	0.000	1>2, 1>3
	35—49岁	1418	5.329	1.049			
	50岁及以上	499	5.281	0.967			
物质文化	34岁及以下	1485	5.455	0.970	8.410***	0.000	1>2, 1>3
	35—49岁	1418	5.330	1.048			
	50岁及以上	499	5.280	0.965			
总问卷	34岁及以下	1485	5.435	0.965	8.600***	0.000	1>2, 1>3
	35—49岁	1418	5.306	1.052			
	50岁及以上	499	5.262	0.949			

注：1=34岁及以下；2=35—49岁；3=50岁及以上。

***$p<0.001$。

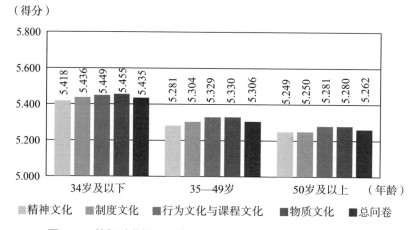

图4-2 教师对学校文化体系建设水平的评价随年龄变化趋势

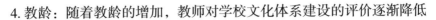

4.教龄：随着教龄的增加，教师对学校文化体系建设的评价逐渐降低

以教龄为自变量，以教师在学校文化体系建设问卷的四个因子得分和总问卷得分为因变量，进行平均数差异分析。结果显示，在总问卷得分及各维度得分上，教龄在 5 年及以下的教师显著高于教龄在 6—10 年、11—20 年以及 21 年及以上的教师。此外，在问卷总平均分上，教龄在 6—10 年的教师显著高于教龄在 21 年及以上的教师。整体而言，随着教龄的增加，教师对学校文化体系建设水平的评价出现下降趋势（见表 4–11、图 4–3）。

表 4–11　不同教龄的教师对学校文化体系建设水平认识的差异分析

维度	教龄	人数（名）	均值	标准差	F	p	事后比较
精神文化	5年及以下	906	5.480	0.913	9.375***	0.000	1>2，1>3，1>4
	6—10年	619	5.336	1.047			
	11—20年	835	5.294	1.095			
	21年及以上	1042	5.244	1.015			
制度文化	5年及以下	906	5.489	0.925	8.646***	0.000	1>2，1>3，1>4
	6—10年	619	5.367	1.049			
	11—20年	835	5.315	1.110			
	21年及以上	1042	5.258	1.036			
行为文化与课程文化	5年及以下	906	5.506	0.919	8.385***	0.000	1>2，1>3，1>4
	6—10年	619	5.384	1.019			
	11—20年	835	5.338	1.067			
	21年及以上	1042	5.284	1.009			
物质文化	5年及以下	906	5.503	0.923	8.652***	0.000	1>2，1>3，1>4
	6—10年	619	5.393	1.017			
	11—20年	835	5.357	1.061			
	21年及以上	1042	5.274	1.007			

续表

维度	教龄	人数(名)	均值	标准差	F	p	事后比较
总问卷	5年及以下	906	5.492	0.909	9.066***	0.000	1>2, 1>3, 1>4, 2>4
	6—10年	619	5.363	1.023			
	11—20年	835	5.318	1.070			
	21年及以上	1042	5.263	1.000			

注：1=5年及以下；2=6—10年；3=11—20年；4=21年及以上。

***$p<0.001$。

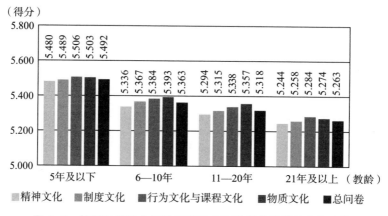

图4-3　教师对学校文化体系建设水平的评价随教龄变化趋势

5. 职称：未定级及中级职称的教师对学校文化体系建设水平的评价相对积极

以职称为自变量，以教师在学校文化体系建设问卷的四个因子得分和总问卷得分为因变量，进行平均数差异分析。结果显示，在总问卷得分及各维度得分上，未定级的教师显著高于副高级及以上、中级以及助理级及以下的教师。整体来看，除未定级的教师外，副高级及以上职称教师对学校文化体系建设水平的评价相对较低，中级职称的教师评价相对较高（见表4-12）。

表 4-12 不同职称的教师对学校文化体系建设水平认识的差异分析

维度	职称	人数(名)	均值	标准差	F	p	事后比较
精神文化	副高级及以上	473	5.243	1.012	4.899**	0.002	4>1, 4>2, 4>3
	中级	1537	5.314	1.045			
	助理级及以下	359	5.280	0.994			
	未定级	1033	5.431	0.987			
制度文化	副高级及以上	473	5.261	1.031	4.110**	0.006	4>1, 4>2, 4>3
	中级	1537	5.338	1.053			
	助理级及以下	359	5.298	0.998			
	未定级	1033	5.439	1.010			
行为文化与课程文化	副高级及以上	473	5.280	1.001	4.629**	0.003	4>1, 4>2, 4>3
	中级	1537	5.359	1.025			
	助理级及以下	359	5.313	0.960			
	未定级	1033	5.462	0.989			
物质文化	副高级及以上	473	5.271	0.999	4.635**	0.003	4>1, 4>2, 4>3
	中级	1537	5.361	1.025			
	助理级及以下	359	5.340	0.960			
	未定级	1033	5.464	0.986			
总问卷	副高级及以上	473	5.261	0.996	4.751**	0.003	4>1, 4>2, 4>3
	中级	1537	5.337	1.024			
	助理级及以下	359	5.299	0.962			
	未定级	1033	5.446	0.981			

注：1= 副高级及以上；2= 中级；3= 助理级及以下；4= 未定级。

**$p<0.01$。

6. 学历：硕士及以上学历的教师对学校文化体系建设水平的评价最积极

以学历为自变量，以教师在学校文化体系建设问卷的四个因子得分和总问卷得分为因变量，进行平均数差异分析。结果显示，在总问卷得分及各维度得分上，硕士及以上学历的教师显著高于本科学历的教师；本科学历的教师与大专及以下学历的教师间不存在显著差异。整体来看，硕士及以上学历的教师对学校文化体系建设水平的评价最为积极（见表4-13）。

表4-13　不同学历的教师对学校文化体系建设水平认识的差异分析

维度	学历	人数(名)	均值	标准差	F	p	事后比较
精神文化	大专及以下	302	5.404	0.925	6.431**	0.002	2<3
	本科	2687	5.305	1.037			
	硕士及以上	413	5.487	0.956			
制度文化	大专及以下	302	5.433	0.941	6.055**	0.002	2<3
	本科	2687	5.323	1.050			
	硕士及以上	413	5.497	0.970			
行为文化与课程文化	大专及以下	302	5.447	0.919	5.446**	0.004	2<3
	本科	2687	5.346	1.021			
	硕士及以上	413	5.507	0.951			
物质文化	大专及以下	302	5.437	0.917	4.491*	0.011	2<3
	本科	2687	5.352	1.019			
	硕士及以上	413	5.500	0.964			
总问卷	大专及以下	302	5.426	0.916	6.007**	0.002	2<3
	本科	2687	5.326	1.018			
	硕士及以上	413	5.496	0.950			

注：1=大专及以下；2=本科；3=硕士及以上。
　　*$p<0.05$，**$p<0.01$。

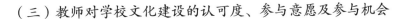

（三）教师对学校文化建设的认可度、参与意愿及参与机会

1. 参与意愿及满意度高

关于学校文化建设的重要性，1.53% 的教师认为不重要，98.47% 的教师认为重要。关于教师参与学校文化建设的意愿，2.53% 的教师表示不愿意，97.47% 的教师表示愿意。

关于学校文化建设的满意度，教师对精神文化、制度文化、行为文化、物质文化、课程文化以及学校文化整体建设的满意度（"满意"与"很满意"合计）均超过了 95%，换言之，教师对所在学校文化建设的满意度较高（见图 4-4）。

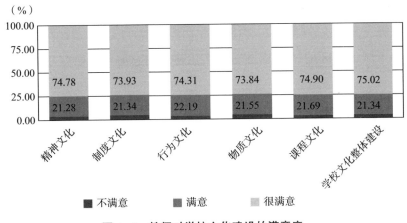

图 4-4　教师对学校文化建设的满意度

2. 物质文化与制度文化建设参与机会有待提升

关于学校文化建设的参与机会，近八成教师报告参与学校文化整体建设机会较多，其中，参与课程文化建设、行为文化建设及精神文化建设的机会相对较多，教师选择这三项的比例（"多"与"较多"合计）分别为 83.51%、82.83% 和 82.16%；参与物质文化建设与制度文化建设的机会相对较少，教师选择这两项的比例（"多"与"较多"合计）分别为 77.60% 与 76.22%（见图 4-5）。

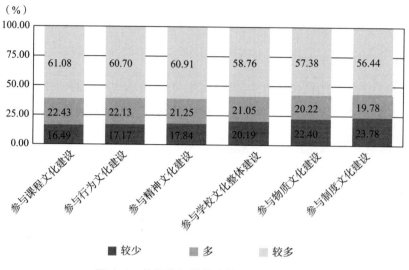

图4-5 教师参与学校文化建设的机会

3. 城乡分布及教师年龄、教龄与学历影响教师的参与意愿及参与机会

（1）城市地区的教师参与学校文化建设的意愿与机会好于农村地区的教师。

在教师对学校文化建设重要性的认识及教师参与学校文化建设的意愿与机会方面，以城乡分布为自变量，以认可度、参与意愿、参与机会为因变量，交叉（卡方）分析结果显示，在以下方面差异极其显著：（1）学校文化建设的重要性（χ^2=30.586，*** $p<0.001$）；（2）学校文化建设参与愿意（χ^2=26.146，*** $p<0.001$）；（3）学校文化建设参与机会（χ^2=11.035，** $p<0.01$）。具体而言，在学校文化建设的重要性与参与意愿方面，城市地区的教师认为很重要或很愿意的比例分别为74.55%、67.26%，高于农村地区教师所对应的62.42%、55.32%；在学校文化建设的参与机会方面，城市教师选择"很多"的比例为59.84%，高于农村地区的教师所对应的52.19%。换言之，城市地区的教师对学校文化建设重要性的认可度高于农村地区的教师，其参与学校文化建设的意愿与机会也好于农村地区的教师（见表4-14）。

表 4-14　城乡教师对学校文化建设的认可度、参与意愿、参与机会交叉（卡方）分析

条目	选项	城市 人数（名） 占比(%)	农村 人数（名） 占比(%)	总计 人数（名） 占比(%)	χ^2	p
学校文化建设的重要性	不重要	42 (1.44)	10 (2.09)	52 (1.53)	30.586	0.000***
	重要	702 (24.02)	170 (35.49)	872 (25.63)		
	很重要	2179 (74.55)	299 (62.42)	2478 (72.84)		
学校文化建设参与意愿	不愿意	69 (2.36)	17 (3.55)	86 (2.53)	26.146	0.000***
	愿意	888 (30.38)	197 (41.13)	1085 (31.89)		
	很愿意	1966 (67.26)	265 (55.32)	2231 (65.58)		
学校文化建设参与机会	少	568 (19.43)	119 (24.84)	687 (20.19)	11.035	0.004**
	多	606 (20.73)	110 (22.96)	716 (21.05)		
	很多	1749 (59.84)	250 (52.19)	1999 (58.76)		
总计（名）		2923	479	3402		

注：**$p<0.01$，***$p<0.001$。

（2）34 岁及以下青年教师参与学校文化建设的意愿更加强烈，机会更多。

在教师对学校文化建设重要性的认识及教师参与学校文化建设的意愿与机会方面，以教师年龄为自变量，以认可度、参与意愿、参与机会为因变量，交叉（卡方）分析结果显示，在以下方面差异极其显著：（1）学校文化建设的重要性（$\chi^2=27.514$，***$p<0.001$）；（2）学校文化建设参与愿

意（χ^2=22.936，***p<0.001）；（3）学校文化建设参与机会（χ^2=18.200，**p<0.01）。具体而言，在学校文化建设的重要性与参与意愿方面，34岁及以下教师认为很重要或很愿意的比例分别为76.70%、69.16%，在学校文化建设参与机会方面，34岁及以下教师选择"很多"的比例为60.67%，均高于35岁及以上教师在这三方面选择该项的比例。换言之，34岁及以下青年教师对学校文化建设重要性的认可度及参与学校文化建设的意愿与机会好于其他年龄段的教师（见表4–15）。

表4–15　不同年龄教师对学校文化建设的认可度、参与意愿、参与机会交叉（卡方）分析

条目	选项	34岁及以下 人数（名）占比（%）	35—49岁 人数（名）占比（%）	50岁及以上 人数（名）占比（%）	总计 人数（名）占比（%）	χ^2 （p）
学校文化建设的重要性	不重要	18 (1.21)	27 (1.90)	7 (1.40)	52 (1.53)	27.514 (0.000***)
	重要	328 (22.09)	380 (26.80)	164 (32.87)	872 (25.63)	
	很重要	1139 (76.70)	1011 (71.30)	328 (65.73)	2478 (72.84)	
学校文化建设参与意愿	不愿意	34 (2.29)	38 (2.68)	14 (2.81)	86 (2.53)	22.936 (0.000***)
	愿意	424 (28.55)	464 (32.72)	197 (39.48)	1085 (31.89)	
	很愿意	1027 (69.16)	916 (64.60)	288 (57.72)	2231 (65.58)	
学校文化建设参与机会	少	251 (16.90)	322 (22.71)	114 (22.85)	687 (20.19)	18.200 (0.001**)
	多	333 (22.42)	282 (19.89)	101 (20.24)	716 (21.05)	
	很多	901 (60.67)	814 (57.40)	284 (56.91)	1999 (58.76)	
总计（名）		1485	1418	499	3402	

注：**p<0.01，***p<0.001。

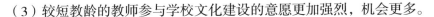

（3）较短教龄的教师参与学校文化建设的意愿更加强烈，机会更多。

在教师对学校文化建设重要性的认识及教师参与学校文化建设的意愿与机会方面，以教龄为自变量，以认可度、参与意愿、参与机会为因变量，交叉（卡方）分析结果显示，在以下方面差异极其显著：（1）学校文化建设的重要性（χ^2=26.439，*** $p<0.001$）；（2）学校文化建设参与愿意（χ^2=23.802，** $p<0.01$）；（3）学校文化建设参与机会（χ^2=51.088，*** $p<0.001$）。具体而言，在学校文化建设的重要性与参与意愿方面，教龄为 21 年及以上的教师认为很重要或很愿意的比例分别为 67.66%、60.17%，均低于 20 年及以下教龄教师（5 年及以下、6—10 年、11—20 年）选择该项的比例；在学校文化建设的参与机会方面，教龄 5 年及以下的教师选择"很多"的比例为 65.78%，高于教龄 5 年以上的教师选择该项的比例。换言之，较短教龄的教师参与学校文化建设的意愿与机会好于教龄较长的教师。这一点与 34 岁及以下青年教师对学校文化建设重要性的认可度及参与学校文化建设的意愿与机会好于其他年龄段的教师情况类似（见表 4–16）。

表 4–16　不同教龄教师对学校文化建设的认可度、参与意愿、参与机会交叉（卡方）分析

条目	选项	5年及以下	6—10年	11—20年	21年及以上	总计	χ^2（p）
		人数（名）占比（%）	人数（名）占比（%）	人数（名）占比（%）	人数（名）占比（%）	人数（名）占比（%）	
学校文化建设的重要性	不重要	7（0.77）	13（2.10）	13（1.56）	19（1.82）	52（1.53）	26.439（0.000***）
	重要	203（22.41）	144（23.26）	207（24.79）	318（30.52）	872（25.63）	
	很重要	696（76.82）	462（74.64）	615（73.65）	705（67.66）	2478（72.84）	

续表

条目	选项	5年及以下	6—10年	11—20年	21年及以上	总计	χ^2 (p)
		人数(名) 占比(%)	人数(名) 占比(%)	人数(名) 占比(%)	人数(名) 占比(%)	人数(名) 占比(%)	
学校文化建设参与意愿	不愿意	16 (1.77)	19 (3.07)	21 (2.51)	30 (2.88)	86 (2.53)	23.802 (0.001**)
	愿意	260 (28.70)	179 (28.92)	261 (31.26)	385 (36.95)	1085 (31.89)	
	很愿意	630 (69.54)	421 (68.01)	553 (66.23)	627 (60.17)	2231 (65.58)	
学校文化建设参与机会	少	110 (12.14)	142 (22.94)	194 (23.23)	241 (23.13)	687 (20.19)	51.088 (0.000***)
	多	200 (22.08)	128 (20.68)	178 (21.32)	210 (20.15)	716 (21.05)	
	很多	596 (65.78)	349 (56.38)	463 (55.45)	591 (56.72)	1999 (58.76)	
总计(名)		906	619	835	1042	3402	

注：**$p<0.01$，***$p<0.001$。

（4）硕士及以上学历的教师参与学校文化建设的意愿更加强烈，机会更多。

在教师对学校文化建设重要性的认识及教师参与学校文化建设的意愿与机会方面，以学历为自变量，以认可度、参与意愿、参与机会为因变量，交叉（卡方）分析结果显示，在以下方面差异极其显著：（1）学校文化建设的重要性（$\chi^2=22.329$，***$p<0.001$）；（2）学校文化建设参与愿意（$\chi^2=23.737$，***$p<0.001$）；（3）学校文化建设参与机会（$\chi^2=15.452$，**$p<0.01$）。具体而言，在学校文化建设的重要性与参与意愿方面，硕士及以上学历的教师认为很重要或很愿意的比例分别为82.08%、76.03%，在学校文化建设的参与机会方面，硕士及以上学历的教师选择"很多"的比例为

66.59%，均高于本科及以下学历的教师在这三方面选择该项的比例。换言之，硕士及以上学历的教师对学校文化建设重要性的认可度及参与学校文化建设的意愿与机会好于本科及以下学历的教师（见表 4-17）。

表 4-17 不同学历教师对学校文化建设的认可度、参与意愿、参与机会交叉（卡方）分析

| 条目 | 选项 | 大专及以下 | 本科 | 硕士及以上 | 总计 | χ^2 |
		人数（名）占比（%）	人数（名）占比（%）	人数（名）占比（%）	人数（名）占比（%）	(p)
学校文化建设的重要性	不重要	5 (1.66)	40 (1.49)	7 (1.69)	52 (1.53)	22.329 (0.000***)
	重要	86 (28.48)	719 (26.76)	67 (16.22)	872 (25.63)	
	很重要	211 (69.87)	1928 (71.75)	339 (82.08)	2478 (72.84)	
学校文化建设参与意愿	不愿意	8 (2.65)	68 (2.53)	10 (2.42)	86 (2.53)	23.737 (0.000***)
	愿意	103 (34.11)	893 (33.23)	89 (21.55)	1085 (31.89)	
	很愿意	191 (63.25)	1726 (64.24)	314 (76.03)	2231 (65.58)	
学校文化建设参与机会	少	51 (16.89)	566 (21.06)	70 (16.95)	687 (20.19)	15.452 (0.004**)
	多	64 (21.19)	584 (21.73)	68 (16.46)	716 (21.05)	
	很多	187 (61.92)	1537 (57.20)	275 (66.59)	1999 (58.76)	
总计（名）		302	2687	413	3402	

注：**$p<0.01$，***$p<0.001$。

（四）学校文化建设的问题与期待

1.学校场地设备受限、经费制约、专家指导不足是学校文化建设面临的三大问题

关于学校文化建设面临的主要问题，据教师报告，排在前五位的，一是学校场地、设备有局限，比例为45.30%；二是经费制约，比例为41.33%；三是缺乏专家指导，比例为26.90%；四是校风、教风、学风建设有待改进，比例为19.11%；五是办学理念不清晰或有待进一步提炼，比例为16.99%。此外，还有规章制度不健全（16.28%）、办学目标不明确或有待进一步提炼（15.76%），以及校园环境布置整体性、协调性不足（15.46%）等（见图4-6）。

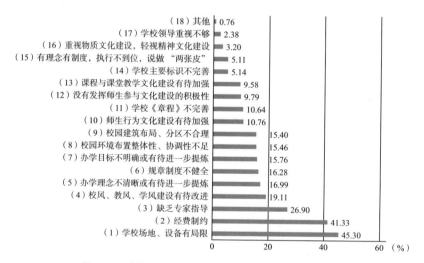

图4-6 教师视角下学校文化建设面临的主要问题

关于学校文化建设面临的主要问题，据29所学校的管理者报告，排在前三位的，与教师判断一致，同样是学校场地、设备有局限（65.52%），经费制约（62.07%），缺乏专家指导（48.28%）。此外，管理者反馈，学校文化建设还面临师生行为文化建设有待加强（34.48%）、课程与课堂教学文化建设有待加强（27.59%），以及校园建筑布局、分区不合理（20.69%）等问题（见表4-18）。

表 4-18　管理者视角下学校文化建设面临的主要问题（*n*=29）

条目	人数（名）	占比（%）
（1）学校场地、设备有局限	19	65.52
（2）经费制约	18	62.07
（3）缺乏专家指导	14	48.28
（4）师生行为文化建设有待加强	10	34.48
（5）课程与课堂教学文化建设有待加强	8	27.59
（6）校园建筑布局、分区不合理	6	20.69
（7）校园环境布置整体性、协调性不足	6	20.69
（8）学校主要标识不完善	3	10.34

2. 教师期待学校文化建设的相关指导

关于学校文化建设的指导内容，教师问卷结果显示，87.60%的教师希望得到学校文化建设的具体方法与措施培训，79.78%的教师希望得到学校文化建设基本概念、内涵等方面的理论培训。相较而言，希望得到具体指导的教师比例高于希望得到理论指导的教师比例。此外，六成多的教师还希望得到学校文化战略纲要写作指导。

针对 29 所学校的管理者调查结果显示，学校领导层更加期待得到学校文化建设的具体方法与措施培训（93.10%）与学校文化战略纲要写作指导（62.07%），而对学校文化建设基本概念、内涵等方面的理论培训的期待人数不足五成。这与区域学校文化体系建设项目前期理论培训相对较多有关，受疫情影响，项目后期实地指导减少，文化建设的具体方法与措施培训不足（见表 4-19）。

表 4-19　学校期待的指导内容

条目	教师（*n*=3402）		管理者（*n*=29）	
	人数（名）	占比（%）	人数（名）	占比（%）
学校文化建设的具体方法与措施培训	2980	87.60	27	93.10

续表

条目	教师(*n*=3402)		管理者(*n*=29)	
	人数(名)	占比(%)	人数(名)	占比(%)
学校文化建设基本概念、内涵等方面的理论培训	2714	79.78	13	44.83
学校文化战略纲要写作指导	2053	60.35	18	62.07
其他	41	1.21	0	0

关于学校文化建设的指导形式，教师问卷结果显示，84.33%的教师希望安排外出考察学习，77.98%的教师希望专家到校指导，67.02%的教师希望举办专题讲座，60.67%的教师希望能参与外省市相关论坛交流学习。此外，约半数教师希望通过区内小规模联盟校开展专题研讨的形式得到指导。

管理者问卷结果显示，学校领导层除了希望通过外出考察学习（89.66%）、专家到校指导（82.76%）这两种方式，也期待参与外省市相关论坛交流学习（72.41%）等形式。与教师相比，管理者呼吁专题讲座形式的比例较低，只有34.48%（见表4-20）。

表 4-20　学校期待的指导形式

条目	教师(*n*=3402)		管理者(*n*=29)	
	人数(名)	占比(%)	人数(名)	占比(%)
外出考察学习	2869	84.33	26	89.66
专家到校指导	2653	77.98	24	82.76
专题讲座	2280	67.02	10	34.48
参与外省市相关论坛交流学习	2064	60.67	21	72.41
区内小规模联盟校开展专题研讨	1733	50.94	13	44.83
其他	27	0.79	0	0

三、讨论分析

（一）以办学理念为核心的精神文化建设是学校文化体系建设的重难点

本研究结果显示，尽管学校文化体系建设的总体水平较高，但在学校文化体系各子体系建设中，精神文化建设相对薄弱，学校管理者及教师均希望得到学校文化建设的具体方法与措施培训。这与精神文化建设本身就是学校文化建设的重点与难点有关。

顾明远先生指出，学校文化是学校的灵魂，其中最主要的是要建设学校精神文化。学校文化的核心是学校的办学思想、教育理念、价值观念、思维方式。办学思想、教育观念首先表现在人才观上，即培养目标上，培养什么人的问题，还体现在学生观、师生观上。[1]北京十一学校的文化建设包括理念文化建设与具体文化建设，其中，理念文化包括学校的办学思想、办学价值观、办学精神、学校成员的发展观、校训、校风、教风、学风、办学目标等。[2]在精神文化子体系中，办学理念是核心。办学理念是学校成员对学校的理性认识、理想追求及所持教育观念的复合体，是学校自主建构起来的办学指导思想，欧美和我国港澳地区的学校直接称为"学校教育哲学"。办学理念具有导向性、明晰性、独特性、渗透性及相对稳定性，可以说，办学理念是学校的精神之所在、文化之根基。[3]从相关专家的论述中可以看出，精神文化子体系结构复杂，理论性极强，所以基层学校在提炼学校办学理念及其他精神文化要素时，常常会遇到各种问题，如办学理念不科学，办学理念雷同、缺乏特色，办学理念与办学目标及"一训三风"（校训、校风、教风、学风）等要素割裂等。此外，也存在对办学理念重视不够的问题。例如，有研究者对40篇中小学校长的开学或毕业典礼致辞进行分析后

---

[1]　顾明远.论学校文化建设［J］.西南大学学报（人文社会科学版），2006（5）：67-70.
[2]　李金初.学校文化建设：学校发展的精神动力［J］.教育研究，2004（12）：80-85.
[3]　陈如平.如何提出和提炼学校的办学理念？［J］.中小学管理，2006（10）：4-6.

发现，仅有 5 所学校在其中提到了学校的办学理念，重视对办学理念的宣传。❶ 缺乏精神文化的统领，容易导致学校文化建设中物质文化、制度文化等出现分裂。❷

因此，在学校文化体系建设中，既要认识到精神文化建设的重要性，又要把以办学理念为核心的精神文化建设作为重中之重，基于办学传统，加强理论与政策学习，下功夫进行研讨与凝练。

（二）以校本课程构建与实施为核心的课程文化建设是学校文化体系建设的增长点

要形成积极的课程文化，就要实施好国家课程，建设好校本课程，形成学校的课程特色。顾明远先生指出，学校文化建设还表现在课程上、教学上。教师要认识到课程和教学是文化的载体，努力去探讨国家课程标准的文化蕴含，同时结合学校的具体条件创设学校的校本课程。教学中重视教材中的文化内涵，不仅传授知识，而且重视价值观、思想情感的熏陶。❸ 课程文化是学校文化的重要组成，是学校课程体系建设的高级目标，是学校育人途径的重要载体。学校的办学理念和育人目标是学校课程文化建构的重要依据。学校课程文化系统建构的逻辑结构是以学校教师内含于心的课程观为核心，以外显于行的课程设置和课程实施等行为与符号为表象的统一整体。❹

本研究结果显示，83.25% 的教师认为学校以促进学生全面发展为目标，基于国家课程标准，构建学校课程体系。然而，在学校文化体系建设的实践中，许多学校都比较重视精神文化、制度文化、行为文化与物质文化的建设，容易忽略对课程文化的建设，或者虽然也加强了课程体系建设，但没有把课程文化正式纳入学校文化体系建设纲要之中。这可能与广义的学校课程

❶ 张连生，王璐.中小学校长典礼致辞的学校精神文化分析：基于 40 篇中小学校长典礼致辞［J］.天津师范大学学报（基础教育版），2016，17（2）：33–36.
❷ 薛晓阳.学校精神文化建设的新视野［J］.教育研究，2003（3）：26–31.
❸ 顾明远.论学校文化建设［J］.西南大学学报（人文社会科学版），2006（5）：67–70.
❹ 杨志成.做好新时代中国特色学校课程文化建设［J］.中国教育学刊，2018（8）：72–76.

文化本身包括学校课程物质文化、课程制度文化、课程行为文化和课程精神文化四个部分 ❶ 有关，一些学校会将课程文化建设融入精神文化、制度文化、行为文化与物质文化的建设之中。

当前，教育改革不断向纵深推进。在课程改革方面，2020 年，教育部发布《普通高中课程方案和语文等学科课程标准（2017 年版 2020 年修订）》，进一步贯彻全国教育大会精神，落实立德树人根本任务，完善中小学课程体系。2022 年，教育部印发《义务教育课程方案和课程标准（2022 年版）》。新修订的义务教育课程以习近平新时代中国特色社会主义思想为指导，落实立德树人根本任务，强调育人为本，依据"有理想、有本领、有担当"时代新人培养要求，明确了义务教育阶段培养目标。新时代，中小学在完善学校文化体系建设的过程中，要紧扣时代脉搏，明确将课程文化建设纳入学校文化体系建设规划与纲要之中，或者说要让课程文化具有更加明确的显现度，要以立德树人为根本，以促进学生全面发展为目标，依据国家课程标准，基于学校的办学理念和育人目标，构建与完善有特色的学校课程体系。

（三）在校长引领下的教师团队是学校文化体系建设的生力军

校长在确立学校的办学理念中起着关键作用。一所学校的办学理念往往反映了校长的教育理论水平、办学思想、教育良知甚至教育信念。❷ 校长是学校文化的掌舵者，但学校文化体系建设不是校长一个人的事情，需要全体师生乃至家长的积极参与。其中，教师在学校文化体系建设中发挥着重要作用。教师是学校文化建设的主导者、播种者、实践者，教学是学校文化建设的落脚点和基石，教师通过课程与活动实现文化的传承与创新。❸ 如果校长脱离教师群体的智慧，仅靠一己之力去凝练学校文化，既是损失，也会造成所生成的学校文化仅仅是口号，或仅能停留于纸上，而不能落地。

❶ 姜新生 . 学校课程文化及其生成［J］. 湖南师范大学教育科学学报，2010，9（5）：51–54.
❷ 陈如平 . 如何提出和提炼学校的办学理念？［J］. 中小学管理，2006（10）：4–6.
❸ 王定华 . 试论新形势下学校文化建设［J］. 教育研究，2012，33（1）：4–8.

本研究结果显示，绝大多数教师认同学校文化体系建设的重要性，也反映出较强的学校文化体系建设参与意愿。但是，仍然有两成左右的教师缺乏参与机会。而且，教师的年龄、教龄、学历乃至城乡分布等均会影响教师对学校文化体系建设重要性的认识及教师参与学校文化体系建设的意愿。其中，青年教师、高学历教师、城市地区的教师对学校文化体系建设水平评价相对较高，参与意愿也更为强烈。实践中，中小学校管理者要认识到教师在学校文化建设中的重要作用，同时要考虑不同地区、不同年龄、不同学历等背景教师的具体情况，有针对性地采取有效措施，切实发挥全体教师参与学校文化建设的能动作用。

四、学校文化体系建设对策

因为学校文化体系是一个复杂的系统，所以学校文化体系建设也是一个复杂的系统工程。我们可以围绕怎样建设、谁来建设、建设成为什么样子三个方面的基本问题展开思考。

（一）坚持系统思维，以精神文化建设统领学校文化体系建设

1. 整体设计并系统推进学校文化体系建设

党的十九届五中全会提出，坚持系统观念是"十四五"时期经济社会发展必须遵循的原则之一。系统思维是运用系统概念来认识对象的思维方式，强调把认识对象作为具有一定结构和功能且多方面相互联系的有机整体。❶ 习近平总书记强调，注重系统性、整体性、协同性是全面深化改革的内在要求，也是推进改革的重要方法。❷ 我们认为，系统思维可为如何建设学校文化体系提供方法与指引。坚持系统思维，首先，要制定学校文化体系建设中长期规划；其次，要将学校文化体系建设纳入学年及学期学校工作重点，并

---

❶ 周杨. 系统思维视域下的"五位一体"总体布局解读与建设［J］. 系统科学学报，2014，22（1）：48–52.

❷ 习近平总书记谈如何坚持系统观念［EB/OL］.（2021–01–30）［2022–09–16］. http：//www. qstheory.cn/zhuanqu/2021–01/30/c_1127045484.htm.

采取切实措施，有序推进学校文化体系建设。

尤其要注意的是，学校文化体系建设中长期规划要贯彻全面、客观、突出重点的原则。学校文化体系主要包括精神文化、制度文化、行为文化及物质文化四个方面。其中，以学校办学理念为核心的精神文化是学校文化体系的灵魂与统帅，以章程为核心的制度文化是学校文化体系的规范与保障，以管理行为、师生行为为核心的行为文化是学校文化体系灵动的载体与表征，以场馆、设施设备及景观为主体的物质文化是学校文化体系直观的载体与形象。四者密不可分，相互影响、相互作用，共同构成学校文化的完整体系。贯彻全面性原则，要求学校文化体系建设中长期规划既要包含学校文化体系建设的指导思想、总体目标与阶段目标、任务与策略及保障措施等方面，又要在其中体现精神文化、制度文化、行为文化及物质文化建设四个方面。贯彻客观性原则，要求学校文化体系建设中长期规划的目标与任务要结合学校实际，立足学校文化传统，要客观具体，切忌空泛。贯彻突出重点原则，一是要在学校文化体系建设中突出精神文化建设的统领作用，二是要突出课程文化建设的重要地位。由于课程文化本身也包括课程精神文化、课程制度文化、课程行为文化及课程物质文化四个方面，一些学校在学校文化体系建设规划中容易忽略课程文化建设，只是将其渗透在学校精神文化、制度文化及行为文化建设之中。建议学校无论是在编制规划还是在具体实施的过程中，都要突出课程文化建设的重要作用。

2. 全面把握与落实教育改革先进理念与最新政策

党的十八大以来，习近平总书记高度重视教育工作，围绕培养什么人、怎样培养人、为谁培养人这个根本问题，就教育改革发展提出一系列新理念新思想新观点，形成了习近平总书记关于教育的重要论述，为新时代教育指明了前进方向、提供了根本遵循。❶ 从学前教育到高等教育，从专项意见到总体方案，凸显"改革""质量""评价""双减""现代化"等关键词的系列重磅政策引领教育改革深入推进。从 2016 年到 2020 年，党中央、国务院印发

❶ 中共教育部党组. 扎实推进教育高质量发展 加快建设教育强国［EB/OL］.（2021-06-09）［2022-09-16］. https：//www.enaea.edu.cn/xkb/zxdt/2021-06-28/90743.html.

46 份关于教育的重要文件，是历史上中央给教育系统发文最密集的阶段。❶
例如，2019 年，中共中央、国务院印发《中国教育现代化 2035》，其中聚焦教育发展的突出问题和薄弱环节，立足当前，着眼长远，提出大力推进教育理念、体系、制度、内容、方法、治理现代化，部署面向教育现代化的十大战略任务。2020 年，中共中央、国务院印发《深化新时代教育评价改革总体方案》，该方案以立德树人为主线，以破"五唯"（唯分数、唯升学、唯文凭、唯论文、唯帽子）为导向，分类分层提出教育评价改革措施，对于培养德智体美劳全面发展的社会主义建设者和接班人具有重大意义。2021 年，中共中央办公厅、国务院办公厅印发《关于推动现代职业教育高质量发展的意见》，教育部等六部门印发《义务教育质量评价指南》。同年6 月，经中央编委批准，教育部成立校外教育培训监管司。7 月，中共中央办公厅、国务院办公厅印发《关于进一步减轻义务教育阶段学生作业负担和校外培训负担的意见》，要求全面贯彻党的教育方针，落实立德树人根本任务，着眼建设高质量教育体系，强化学校教育主阵地作用，深化校外培训机构治理，坚决防止侵害群众利益行为，构建教育良好生态，有效缓解家长焦虑情绪，促进学生全面发展、健康成长。2022 年初，教育部印发《普通高中学校办学质量评价指南》，评价内容从办学方向、课程教学、教师发展、学校管理、学生发展五个方面展开，旨在扭转不科学的教育评价导向，从根本上解决教育评价指挥棒问题，切实提高全面育人水平，增强学生综合素质。上述新政策、新理念坚持立德树人之根本，突出质量提升之主线，为新时代学校文化体系建设提供了遵循。中小学在开展学校文化体系建设的过程中，要加强政策学习、理论学习，善于将先进理念融入学校精神文化、制度文化、行为文化等建设的方方面面，增强学校文化的先进性及时代气息。

---

❶ 中共教育部党组. 扎实推进教育高质量发展 加快建设教育强国［EB/OL］.（2021-06-09）
［2022-09-16］. https://www.enaea.edu.cn/xkb/zxdt/2021-06-28/90743.html.

（二）坚持自力更生，以专家外力引领助推地方学校文化体系建设

在学校文化体系建设过程中，中小学校长、教师、学生、家长、教育行政部门、高等院校及科研院所专家等都是重要的参与者。以学校为中心，如果将这些力量分为内部力量与外部力量，那么，中小学校长、教师、学生、家长可以统称为内部力量，教育行政部门、高等院校及科研院所专家可以统称为外部力量。学校文化体系建设要依靠谁呢？可以说，上述相关主体都会发挥一定的作用，但以学校师生为主体的内部力量才是学校文化体系建设的核心力量。实践也证明，凡是在校长领导下，全体师生群策群力积极参与学校文化体系建设的学校，其学校文化一般都更加先进，师生也更加认同学校的核心理念。本研究也发现，在学校文化体系建设之中处于中等投入水平的 467 名教师中，仅有 22.91% 的教师非常认同"学校办学理念明确、先进、符合实际"；在学校文化建设之中处于较高投入水平的 2793 名教师中，则有 95.56% 的教师非常认同"学校办学理念明确、先进、符合实际"；而在学校文化建设之中处于较低投入水平的 142 名教师中，78.17% 的教师不认同"学校办学理念明确、先进、符合实际"。同样，在学校文化体系建设之中处于中等投入水平的 467 名教师中，仅有 19.27% 的教师非常认同"学校的办学理念，并贯彻落实到教育教学过程中"；在学校文化体系建设之中处于较高投入水平的 2793 名教师中，则有 95.63% 教师非常认同"学校的办学理念，并贯彻落实到教育教学过程中"；而在学校文化体系建设之中处于较低投入水平的 142 名教师中，81.69% 的教师不认同"学校的办学理念，并贯彻落实到教育教学过程中"。换言之，教师对学校文化体系体系建设的参与投入水平与学校文化的先进性及认同度均成正比（见表4-21）。

关于事物的内因与外因即内部矛盾与外部矛盾的关系、关于内因与外因在事物发展中的作用等问题，一般认为，事物发展的根本原因在事物的内部，内部矛盾是事物发展的根据，是事物发展的基础、根源，但事物不是孤立的，任何事物都与周围事物互相联系、互相影响，外部原因是事物发展不

表4-21 不同投入水平的教师对学校文体系化建设情况的评价交叉（卡方）分析

条目	选项	较低投入水平 人数（名）占比(%)	中等投入水平 人数（名）占比(%)	较高投入水平 人数（名）占比(%)	总计 人数（名）占比(%)	χ^2 (p)
学校办学理念明确、先进、符合实际	不符合	111 (78.17)	24 (5.14)	43 (1.54)	178 (5.23)	3361.848 (0.000***)
	一般符合	18 (12.68)	336 (71.95)	81 (2.90)	435 (12.79)	
	很符合	13 (9.15)	107 (22.91)	2669 (95.56)	2789 (81.98)	
教师认同学校的办学理念，并贯彻落实到教育教学过程中	不符合	116 (81.69)	25 (5.35)	44 (1.58)	185 (5.44)	3588.394 (0.000***)
	一般符合	17 (11.97)	352 (75.37)	78 (2.79)	447 (13.14)	
	很符合	9 (6.34)	90 (19.27)	2671 (95.63)	2770 (81.42)	
总计（名）		142	467	2793	3402	

注：***$p<0.001$。

可缺少的条件，对事物发展起促进或阻碍的作用。[1]学校在文化体系建设中，应当极其重视内因的作用，在工作中要强调自我努力与自力更生，反对依赖思想与包办代替；同时，也不能忽视外因的作用，要积极创造和争取有利的外部条件，防止和克服不利的外部条件。

在重视内因方面，校长要主动发挥自身在推进学校文化体系建设中的主导作用，强化自身校园文化建设的责任；学校要认真贯彻落实党组织领导的校长负责制，不断完善现代学校制度，坚持科学决策、民主决策、依法决策；要注重发挥各年龄段、各学科教师作用，引导教师积极参与办学核心理

---

[1] 齐振海.内因与外因的辩证关系和在事物发展中的作用［J］.北京师范大学学报（社会科学版），1962（2）：75-82.

念及制度建设的讨论与凝练，积极推进课程与教学改革；要为学生组织丰富多彩的社团活动与实践活动，引导学生积极参与各项文化建设，努力实现自主管理与自主发展；要健全家长委员会制度，引导家长参与学校管理与相关教育活动。

在重视外因方面，学校要注重贯彻落实教育行政部门推进学校文化体系建设的相关部署，要积极寻求行政部门的支持，不断改善学校场地设备条件，加强经费保障；要积极开展与高等院校及科研院所相关专家的合作，聘请专家通过培训、实地调研指导等多种形式，从学校文化体系建设理论与具体方法策略等方面对学校开展指导。当然，地方教育行政部门也应高度重视学校文化体系建设，积极制定与实施引导地方学校文化体系建设的相关政策，提供资金保障，并加强对农村及薄弱学校的指导和帮助。此外，要多种形式广泛开展学校文化体系建设的成果和经验交流，加强宣传，树立典型，以点带面，引领地方学校文化体系建设深入推进。高等院校及科研院所相关领域的专家要主动深入中小学校，发挥自身的理论优势，指导学校科学开展学校文化体系建设。

总之，学校要在行政部门与专家的支持与指导下，立足于学校发展实际，放眼未来，苦练"内功"，在引领全校师生共同参与学校文化体系建设的过程中，坚持创造性转化、创新性发展，以社会主义核心价值观为引领，发展社会主义先进文化，弘扬革命文化，传承中华优秀传统文化，创新学校文化，获得特色与内涵发展，同时为国家文化软实力和中华文化影响力提升作出贡献。

第五章　新时代区域学校文化体系建设的实践路径

　　教育综合改革实验区是中国教育科学研究院建设一流国家教育智库战略的重要组成部分。在中国教育科学研究院与重庆市九龙坡区的第二轮合作中，学校文化体系建设是重要内容之一。本章以中国教育科学研究院重庆市九龙坡教育综合改革实验区开展的文化体系建设项目为例进行探讨。院区合作开展学校文化体系建设项目遵循"自上而下"与"自下而上"相结合的路径，主要举措有四个方面：一是做好顶层设计，二是健全保障机制，三是发挥专家引领作用，四是开展联盟互助。2017年以来，本项目的实施在促进区域学校文化体系建设水平整体提升的同时，也促进了区域学校文化的特色发展与教育质量的整体提升。项目实施的启示如下：一是新时代推进学校文化体系建设要坚持发挥智库的支撑引领作用，二是新时代推进学校文化体系建设要发挥地方内生动力，三是新时代推进学校文化体系建设要加强学校党建。这三点也是新时代学校文化体系建设的重要特征。

一、中国教育科学研究院与重庆市九龙坡区合作开展学校文化体系建设的背景

　　教育综合改革实验区是中国教育科学研究院建设一流国家教育智库战略的重要组成部分，是服务国家战略需要、促进教育理论与实践深度融合的创新举措，也是探索中国特色区域教育改革发展模式、推进国家教育综合改革试点的实践平台。新时代，加快构建高质量教育体系，助力区域教育现代化

建设，中国教育科学研究院提出了逐渐将"实验区打造成为教育理论和实践深度融合的创新基地、深化教育改革的实验先锋、建设高质量教育体系的区域样板"的发展目标。

重庆市九龙坡教育综合改革实验区是院区协同创新、探索区域教育发展特色道路和推进教育质量提升的一项重要举措。该实验区于2012年成立。在首轮合作中，区域教育改革不断创新、教育质量稳步提升，院区合作取得丰硕成果。为深入贯彻落实党的十九大精神，全面深化教育综合改革，促进教育事业科学发展，重庆市九龙坡区人民政府于2017年11月与中国教育科学研究院签订教育综合改革实验区第二轮合作协议，旨在通过持续的院区合作，开拓开创全区教育发展新局面，实现"办好人民满意教育、建好新时代教育强区"的发展战略目标。五年合作期间，在"院区合作、整体推进、科研引领、创新发展"的工作方针指导下，院区双方紧密协作，高位谋划"建好新时代教育强区"发展战略及"做强高中、做优初中、做特小学、做大幼教、做精职教"的计划方略，通过依法治教、学校文化、教师科研、体质健康、课程体系、未来学校等六大重点项目的精心组织和扎实推进，实验区工作呈现出整体布局、扎根基层、借力发展等突出特点，持续提升九龙坡实验区教育改革和发展水平，教育优势逐渐聚集显现。

学校文化体系建设项目作为院区合作项目之一，在第一轮合作中已打下了扎实的基础。本次合作中，学校文化体系建设项目以党的十九大精神为指引，进一步巩固九龙坡区学校文化体系建设成果，以构建扎根传统、立足现实、面向未来的学校文化基本体系为目标，明晰学校文化体系建设的科学路径，激发区域内中小学校创新创造活力，带动区域教育质量整体提升。

二、院区合作开展学校文化体系建设的实践路径

重庆市九龙坡教育综合改革实验区学校文化体系建设项目推进遵循"自上而下"与"自下而上"相结合的路径展开（见图5-1）。

"自上而下"主要指的是，九龙坡区的学校文化体系建设是在区委、区

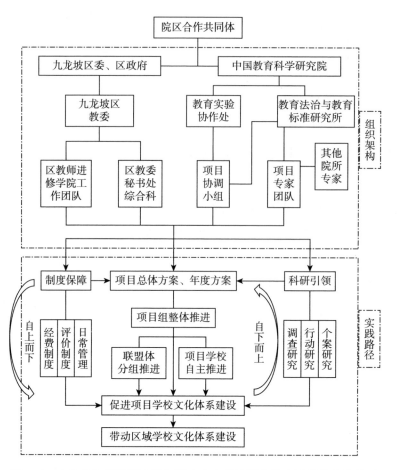

图 5-1 中国教育科学研究院与重庆市九龙坡区合作开展学校文化体系
建设的路径

政府的领导与专家组的支持下，由教育行政部门发布文件，以项目形式有组织且有指导地推进实施。"自下而上"包含两方面的意思：一方面，学校文化体系建设项目不是强制全区中小学都参与，而是面向全区中小学招募，由学校结合自身特点与需求自主申报；另一方面，虽然学校文化体系建设是有组织地推进实施，但在实践中，许多学校尤其是骨干学校积极发挥自身主动性与创造性，结合学校具体情况，主动探索与总结学校文化体系建设的策略，凝练与发展学校文化，带动区域内兄弟学校提升学校文化体系建设水平，同时通过积极的反馈与影响，促进本项目及区域内学校文化体系建设相

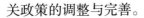

关政策的调整与完善。

院区合作开展学校文化体系建设的路径主要包括两部分：一是组织架构；二是具体的实践路径。组织架构方面，中国教育科学研究院和重庆市九龙坡区人民政府签订教育综合改革实验区合作协议，在协议框架之下，院区双方组织合作共同体，开展学校文化体系建设项目。其中，九龙坡区教委和中国教育科学研究院教育实验协作处、教育法治与教育标准研究所牵头，组建项目协调小组、专家团队具体展开相关工作。实践路径方面，项目组通过顶层设计、健全机制、专家引领、联盟互助等举措推进学校文化体系建设。

（一）顶层设计，分步推进

学校文化体系建设是重庆市九龙坡区全面深化教育改革、提高教育质量、打造重庆市一流教育强区的重要抓手，中国教育科学研究院高度重视与九龙坡区政府的合作。在双方各级领导的大力支持下，项目组精心策划项目整体方案，之后依据方案分步推进实施。

1.基于调研顶层设计项目方案

学校文化体系建设项目是一个复杂的系统工程。学校应从精神文化、制度文化、物质文化和行为文化等方面进行学校文化建设，增强学校核心发展力和文化自信，要顺应新形势，针对新情况，制定文化建设规划，明确文化建设主体。❶同样，区域推进学校文化体系建设更应做好整体规划。为提升整体方案的科学性与针对性，项目组首先开展了全面的调研。其中，调查研究主要包括问卷调查与座谈访谈。例如，项目组研制了学校文化体系建设基本情况自评表，收集项目学校开展学校文化体系建设的基本情况；项目组研制了学校文化体系建设状况问卷，针对项目学校的140余名校级干部和近2000名教师开展调查，了解教师参与学校文化体系建设的意愿、需求以及教师对所在学校的学校文化基本情况的看法。此外，项目组针对九龙坡区教委相关领导、九龙坡区教师进修学院相关专家以及学校教师开展了座谈会，

❶ 王定华.试论新形势下学校文化建设［J］.教育研究，2012，33（1）：4-8.

并对部分中小学（含职业高中）进行了实地考察。通过调查研究，全面了解区域学校文化体系建设基础、主要问题与需求。例如，调研发现，九龙坡区学校文化体系建设的特点主要有：多数学校非常重视学校文化体系建设，且学校文化体系建设基础较好，尤其是行为文化与课程文化整体建设水平最高，但精神文化建设整体相对薄弱；部分学校已经形成有特色的学校文化，但校际差异较大等；部分教师反映所在学校规章制度不健全，办学理念不清晰，期待得到培训、考察等多种形式的指导。这些均为方案整体规划提供了重要的一手数据与资料。

项目组在全面调研的基础上，精心设计了五年合作总体方案。鉴于项目开展遵循专家指导、九龙坡区教委（进修学院）推进、学校实施三方联动原则，项目方案制定主体也主要包括中国教育科学研究院专家、区教委领导、区教师进修学院专家以及校长教师代表。项目组基于九龙坡区学校文化体系建设的基础与需求，对项目目标、任务、保障措施等进行了顶层规划。例如，将总体目标定位于构建扎根传统、立足现实、面向未来、有浓郁特色的区域学校文化基本体系。在主要任务方面，提出开展项目培训与实地考察、建设一批学校文化体系建设项目骨干学校、适时召开展示交流现场会等。在保障措施方面，明确设立项目组，实行双组长负责制，全面组织协调项目实施并给予智力支持、健全激励机制等。

2. 基于方案以"主题项目年"方式分步推进项目实施

依据总体方案，项目实施主要分为三个阶段，从精神文化、制度文化、物质文化与行为文化子系统等方面有计划、有步骤地推进"主题项目年"建设工作。

在第一阶段，项目学校在专家引领下，重点围绕精神文化子系统（"精神力子系统"），对学校文化战略纲要的框架构建、学校办学理念和发展目标拟定、学校"一训三风"制定等开展学习培训、研讨及实践。在项目第二阶段，重点围绕制度文化子系统（"执行力子系统"），加强学校文化建设。在这一阶段，项目学校以学校制度文化建设为重点主题，结合学校实际，开展以章程为统领的学校制度子系统建设，不断完善学校的民主决策、管理责任、监督制衡、参与合作及平等竞争等机制，激发创新创造活力。在项目第三阶段，重点围绕物质文化与行为文化子系统（"形象力子系统"），加强学校文化建设。在这一阶段，项目学校以物质与行为文化建设为重点主题，更加关注师生行为文化建设、校园建筑设计、整体布局与风格、室内外布置、走廊文化、校园网与学校微信公众号平台建设等。需要说明的是，在具体实践中，精神文化、制度文化、物质文化及行为文化等方面的建设并非截然分阶段展开，项目组只是按阶段确定引领与指导的重点。在项目最后阶段，主要是开展系统总结与反思，推出典型案例。

（二）健全机制，稳步前进

健全的管理与合作机制是项目运行的重要保障。为推进项目顺利运行，项目组建立了整体推进与联盟体分组推进相结合、评价激励与经费保障相结合等管理与运行机制。

1.建立项目组整体推进与联盟体分组推进相结合的运行机制

在项目运行中，整体推进与联盟体分组推进各有利弊。整体推进有利于全体项目学校按照共同的目标，围绕学校文化体系建设中的共性问题，一起攻坚克难。例如，在项目总体框架下，项目组围绕精神文化建设、制度文化建设、物质文化建设及行为文化建设等重点内容按年度制订计划，集中开展专题培训、外出参观交流等活动，解决教师对学校文化体系建设概念不清、策略缺乏等问题。但整体推进不能很好照顾学校差异，不利于有针对性地帮助学校解决具体问题。例如，小学、中学和职业高中学校，不同学段的学校推进学校文化体系建设有共性问题，也有个性问题，即使都是同一学段，由于学校历史及所处城乡位置不同等因素，其面临的具体问题也不尽相同。例如，对于新建学校，其面临的主要问题是如何在较短的时间内发挥师生的作用，结合学校特点提炼办学理念，统领学校文化体系建设；对于多所学校合并组建的学校，其面临的主要问题是如何吸收原学校的文化精华，凝练新团队都认同的新学校的办学理念；对于办学历史几十年甚至上百年的学校，其面临的主要问题是如何在传承的基础上，创新性地建设更有时代气息、更加特色化的、成体系的学校文化品牌。此外，各所学校开展学校文化体系建设的能力也不尽相同。为了弥补整体推进的不足，项目组组建了异质、同质兼顾的联盟体，分组推进学校文化体系建设。具体而言，考虑中小学搭配、办学基础差异搭配，以及城乡学校搭配等因素，将29所项目学校分成三个联盟体，每个联盟体由2—3所项目骨干学校牵头。三个联盟体紧紧围绕各年度文化建设的主题，定期开展内部深度研讨、交流及帮扶。其中，骨干学校重点发挥引领作用，以点带面，带动项目学校整体提升学校文化体系建设能力。此外，项目工作组坚持每学期召开项目工作部署推进会、期末小结会、学年评价总结会，由此促进项目有序推进。

2. 建立评价激励与经费保障相结合的管理机制

在教育管理中，评价具有导向、激励、改进等功能。评价所涉及的基本问题包括：谁来评价、评价谁、评价什么、怎么评价、评价的结果如何使用、评价有什么影响和后果等。[1]2020年，中共中央、国务院印发的《深化新时代教育评价改革总体方案》中明确指出，完善评价结果运用，综合发挥评价的导向、鉴定、诊断、调控和改进作用。在项目管理中，教育行政部门尝试通过构建合理的评价激励体系助推项目运行。项目组按年度或按阶段对项目学校的研究情况进行动态管理，制定了评价激励及退出制度。例如，项目开展之初，九龙坡区教委研制并发布《中国教育科学研究院九龙坡教育综合改革实验区第二轮院区合作重点项目工作考核方案》，从组织管理、过程评价、资料管理、工作实效、项目实绩五个维度，以及项目学校自评（10%）、联盟体内互评（15%）、项目学校间互评（15%）、工作组评价（10%）和专家评价（50%）五个方面开展评价。区教委根据各项目学校考核评价结果给予一定的工作经费奖励。此外，区教委在年度学校整体评价、个人职称评定等方面会适当倾斜考核优秀的项目学校及骨干教师；区教委每年度还会在项目学校中评选出三分之一的先进学校，并纳入该年度办学水平评价；因工作推进不力被勒令退出的项目学校，将在年度办学水平评价中受到

---

❶ 周作宇.论教育评价的治理功能及其自反性立场［J］.华东师范大学学报（教育科学版），2021，39（8）：1–19.

扣分处罚。通过上述机制，既对项目学校进行了全面客观的评价，又通过奖励与处罚增强了项目学校推进学校文化体系建设的紧迫感，激发了项目学校的积极性。

3. 建立线上线下多种形式的沟通协商机制

良好的沟通协商机制是合作项目有序推进的基础。在项目总体工作方案与年度工作方案制定等重大事项上，中国教育科学研究院专家组与实验区工作组在双方组长带领下，主要通过线上线下调研、会议等方式研讨协商完成。在项目日常运行方面，主要通过中国教育科学研究院与实验区双方的两名联络员定期开展线上和线下沟通，负责各项具体工作的协调和对接。例如，通过联络员，可及时将项目学校的需求反馈给项目组，项目组再根据需求调整工作方案，或邀请相关专家到实验区开展实地指导或开展有针对性的培训等。

此外，项目组还建立了项目工作月报和季报制度，通过工作通报，定期总结与交流项目组在研讨交流、学习互动、培训调研等方面的工作动态。在积极沟通协商达成共识的基础上，中国教育科学研究院与实验区双方主动承担相应的职责，通力合作，推进项目运行。尤其是在疫情期间，上述沟通协商机制为项目有序推进提供了切实保障。

（三）专家引领，循序渐进

专家资源在学校文化体系建设过程中发挥着重要的引领和助力作用。近年来，国家基础教育改革领域均十分重视专家引领和智库作用。专家引领本质上是理论对实践的指导，是理论和实践之间的对话，同时也是理论与实践关系的重建。[1] 随着学校制度建设不断发展和完善，学校以文化立本和自主发展的意识不断增强。但由于学校自身力量的局限性和学校文化建设的复杂性和长期性，引进相关领域专家在理论和实践层面的指导，对于学校文化建设是必不可少的。专家引领能够为学校文化建设和发展提供重要的智力支撑

---

❶　刘旭东. 校本教研的策略与方法［M］.重庆：重庆出版社，2008：72

和保障。❶ 一方面，专家引领能够为学校文化建设提供科学和专业的理论指导，另一方面，专家团队在文化建设相关领域所积累的经验和资源也是学校能够精准确立学校文化根基并在此基础上快速搭建起文化发展体系的重要保障。另外，专家引领还有利于引进先进的文化理念和特色，在学校文化的建设和推广过程中起到高效助推的作用。

项目组充分发挥中国教育科学研究院国家级教育智库的资源优势，采取院内院外专家相结合的方式，建设丰富的专家资源库，按照特聘专家全面引领，按需动态指导和项目组具体指导的方式，循序渐进助推实验区学校文化体系建设。

1. 项目组专家全面引领

一方面，项目组根据学校文化建设项目整体框架和规划邀请相关领域知名专家学者，以讲座、到校实地指导等方式在九龙坡实验区开展指导工作。例如，邀请中国教育科学研究院李继星教授开展中小学学校文化战略的设计和实施、中小学学校文化体系之精神文化子体系建设等系列专题讲座，深入阐释以办学核心理念为核心，以精神力、执行力、形象力三个子系统为基本枝干的文化要素之间的逻辑关系，帮助学校宏观把握文化建设的目标与方向，认识学校文化建设的误区，并到项目学校针对如何提炼学校办学核心理念、培养目标、校训、校风等问题，结合具体的案例进行专门指导，为项目高质量推进奠定了扎实的基础。另一方面，项目依托中国教育科学研究院教育法治与教育标准研究所专家资源，坚持开展长期的、具体深入的指导。例如，项目组长基于项目学校需求，针对学校文化建设案例研究及经验总结开展了专题培训活动，引导项目学校基于校本研究，总结学校文化体系建设的经验。又如，项目专家组赴九龙坡华福小学、杨家坪中学、工艺美术学校等文化体系建设项目学校实地参观并现场调研指导，对项目学校在学校文化体系建设过程中遇到的特色不突出等具体问题提出了针对性的建议。近两年，受疫情影响，在无法赴重庆开展实地指导的情况下，项目组注重依靠信息化

---

❶ 杨浩强. 论特色学校创建过程中的专家引领［J］. 教学与管理：中学版，2013（3）：3

手段，通过视频会议等方式对项目实施中关键环节、突发问题等进行远程指导。

2. 按需动态聘请专家开展指导

项目组在专家常态化指导的基础上，还根据实验区需求，灵活动态聘请相关领域专家，为学校文化建设的发展和推进提供适时的、有针对性的专业指导。这样一方面能够打破常态化指导无法完全兼顾学校具体需求的困境，另一方面通过不同领域专家所带来的先进理念、特殊视角和个性化专业底蕴持续给项目学校注入新鲜血液和最新的文化建设相关的前沿理论。例如，邀请兼具理论与实践专长的专家对二十多所项目学校的学校精神文化建设方案进行一一点评，逐一反馈意见；邀请在行知文化研究领域有专长的专家对育才学校行知文化的建设进行专门指导等。又如，在制度文化专题研究阶段，项目组率领多学科背景搭配的专家团队赴实验区进行专门调研与指导。其中，在考察九龙坡区实验一小（燕南校区）和六十五中学学校文化体系建设进展的过程中，专家组对两所学校前期扎实的工作和丰硕的成果表示肯定，并提出了完善建议：一是扎根理论与政策找依据，学校领导要把握当前的宏观政策，加强对国家出台的相关教育理念的学习；二是结合传统与创新找发展，强调要传承校园传统文化，创新文化外显形式；三是完善制度抓保障，要建立与完善以章程为核心的制度体系；四是建设学习型、研究型的组织，营造积极的研究氛围，勤练"内功"；五是多方结合抓协同，充分整合政府、学校、家庭、社会各级资源，联动建设学校文化体系。

3. 专家团队实地调研

项目组率领多学科背景搭配的专家团队，先后奔赴实验区育才中学、杨家坪中学、渝高中学、六十五中学、高新育才学校、区实验一小、华福小学、工艺美术学校等进行实地调研与指导。通过听取学校对于文化建设的系统介绍，参观校园环境，观摩学校课程，与学校成员进行研讨交流，专家团队切实了解学校在文化建设过程中存在的问题和困惑，从文化建设的系统建构、方案规划与设计、践行与推进等方面作详尽指导，并提出针对性建议，为项目学校提升文化建设品质带来了更多启迪和思考。近两年，受疫情影响，在无法赴重庆开展实地指导的情况下，项目组注重依靠信息化手段，通过视频会议等方式对项目实施中关键环节、突发问题等进行远程指导。

（四）联盟互助，齐头并进

"联盟"的概念，最初始于战争军事术语，后来被引入管理学和教育学领域，是以政治、经济等目的的区域群体间以共同目标为基础，双方或者多方相互配合的一种联合行动。[1] 这里的"联盟"特指在九龙坡区教育行政部门发挥行政主导作用下，项目学校之间以率先引领、共享资源、沟通交流、互帮互助等方式，形成的学校文化建设共同体，从而实现学校文化建设的协同发展。在这个共同体内，成员之间拥有共同愿景，通过不同个体间的互助协商、交流反思，促进共同学习、共同成长、共同分享和共同提高。[2] 相互依赖、合作互助、共同发展是共同体的核心体现，共同体在学校教育教学发展中的作用不可或缺[3]，联盟体在学校文化建设中的作用也有异曲同工之妙。一方面，联盟体有助于促进学校资源的充分共享和有效利用。学校不再是一个单独的个体，成员之间可以采取多种方式来交流学校文化建设的资源和经验，形成资源共享。另一方面，联盟体有助于形成良好的合作和竞争机制，推动文化建设的整体发展。联盟体内部学校之间以及各联盟体之间彼此信任，互助合作借鉴，定期进行交流研讨反思，在面临困难和挑战时集思广益，共同寻求解决方案；同时看到联盟体内部学校以及联盟体之间的差异，你追我赶，积极主动向更好方向发展，从而促进学校文化建设整体水平的提高。

1.构建项目工作联盟体，有序推进文化建设

项目组依据项目学校的研究条件、研究基础和研究水平，将项目学校分为项目骨干学校和项目培育学校两类，分步骤、分阶段地实施学校文化建设项目。骨干学校率先引领，以点带面，优先发展；培育学校重点突破，及

---

[1] 和郁娟.浅析我国教师教育联盟的发展现状及趋势［J］.中小学生导报，2013（42）：143.

[2] 陈晓端.教师专业学习共同体的实践基模及其本土化培育［J］.课程·教材·教法，2012，32（1）：106—109.

[3] 邓小丽.基于共同体文化的学校教研组建设研究［D］.成都：四川师范大学，2010：19.

时跟进，带动整体。而后又以项目骨干校为轴心，将 29 所项目学校按照中小学搭配、办学基础差异搭配以及中西部学校搭配，构建四个项目工作联盟体，每个联盟体配 1 名中国教育科学研究院专家、2—3 所项目骨干校和 1 名项目组工作人员。以各联盟体为单位，由牵头学校主持，每一季度轮流开展学校文化建设的主题交流研讨活动，每一学期召开一次项目总结会，有序推进学校文化建设。

2. 开展联盟体主题活动，分享文化建设经验

四个联盟体在联盟体联络员的召集下，定期开展主题交流研讨活动。例如，围绕"学校文化战略纲要的框架构建""学校办学理念和发展目标拟定""一训三风及学校宣言"等主题，四个联盟体分别在牵头学校开展联盟体研讨交流活动。活动中，项目学校以联盟体为单位，认真听取牵头学校的建设经验汇报展示，实地参观牵头学校文化建设阶段性成果，并依次在联盟体内部就相关主题进行经验分享和交流。又如，第一联盟体和第四联盟体在六十五中学参加学校文化建设项目专题培训会，第二联盟体和第三联盟体在区实验一小（燕南校区）参加学校文化建设项目专题研讨会。会上，六十五中学和区实验一小（燕南校区）分别从核心理念、办学追求、办学目标等文化理念内涵，以及思想建设、制度建设、课程建设、干部锻造、资源保障等具体实践举措方面，全面系统介绍学校文化建设情况，其后各项目学校纷纷畅谈分享自己学校文化建设的经验。

3. 进行联盟体互动研讨，攻克文化建设难点

以联盟体为单位开展的主题活动，既有学校文化的参观和体验，又有充分的交流，更有深入的研讨。梳理与提炼学校文化是一个漫长的过程，在具体过程中会遇到各种问题和困惑，例如，构建精神力子系统过程中，如何定位学校办学理念？如何对二级理念进行合理分类？如何正确表述学校办学目标？构建执行力子系统时，如何将学校课程体系与学校文化有机结合？如何保障学校文化建设的专业性和科学性？如何凸显学校特色？等等。

联盟体学校怀着真诚之心，坦诚相谈，共同商讨出一系列应对之策并达成共识。一是强化学习，要有理论支撑。学校要扎根理论与政策找依据，一

方面把握当前的宏观政策，加强对中央出台的相关教育理念的学习，另一方面系统学习文化体系建设相关理论知识，明确精神力子系统是学校文化系统的基础，执行力子系统是重点和核心，形象力子系统是精神力子系统和执行力子系统在视觉美媒和听觉媒介上的反映。学校文化建设一定要从精神力子系统到执行力子系统再到形象力子系统逐渐展开。二是强化研究，要有深入思考。用心研究框架，逻辑层面要清楚、要有科学性，要规划好学校的发展定位。学校要从地名、校名去寻找学校文化的根源，充分利用地域优势，结合学校发展历史、学校课程、学校课堂等教育教学活动，提炼学校文化的精髓，要有一条"过去、现在、未来"的红线将学校文化串联起来，结合传统与创新找发展。三是强化培训，要有专家指导。在研究的过程中，学校可以邀请专家指导，给出思维导图，明确方向；邀请专家拟定中长期目标，做出前进路上的指引；邀请专家论证纲要，以明确自身的定位与站位，以此来保证学校文化建设的专业性和科学性。四是强化队伍，要有人员保障。学校文化的建设需要校长引领、骨干教师牵头、全校师生共同参与，形成学习型、研究型的队伍组织，积极营造团队研究氛围，勤练"内功"，让文化在实践中不断内化。

通过这种形式的思维碰撞，项目学校相互取长补短，专家团队找准问题、指点迷津，加强了联盟体学校之间的深度融合，项目学校相互学习，彼此借鉴，在携手互助的氛围下共同完善九龙坡区学校文化体系的整体建设。

三、院区合作开展学校文化体系建设的效果

项目合作五年多来，项目组致力于把九龙坡区教育的良好基础、区域特色与中国教育科学研究院的智力资源结合起来，与九龙坡区教育战线的同仁通力合作，构建扎根传统、立足现实、面向未来、有浓郁特色的区域学校文化基本体系，共同提升九龙坡区教育内涵发展能力。

（一）促进学校文化体系建设水平整体提升

学校文化的建设是学校应有之义，但是，不是说学校一建立起来就有学校文化。学校文化的特定含义是经过全校师生长期的努力建立起来的具有本校独立品格的文化传统。❶尤其是面对社会急剧转型、多种社会文化观念激荡、传统教育观念和现代教育观念的冲突等状况，学校文化建设显得格外重要。❷实践中，中小学开展学校文化建设的水平参差不齐，容易出现对"学校文化"的概念理解片面，将学校文化建设口号化、器物化、活动化等问题。❸因此，提升学校的文化体系建设能力非常重要。在本项目中，项目组自编《学校文化体系建设自评问卷》，基于学校文化体系规划、学校办学理念体系建设、管理课程与教学文化建设、师生文化建设、环境与公共关系文化建设、学校优势领域发展六个维度（共47个条目），由29所项目学校开展自评，考察项目学校开展学校文化体系建设取得的实效。自评内容采用李克特5点计分，1=非常不符合、2=比较不符合、3=一般、4=比较符合、5=非常符合。采用SPSS18.0软件，对数据进行分析，问卷Cronbach'α系数为0.996，表明该问卷具有良好的信度。调研结果如下。

一是项目学校学校文化体系建设总体水平较高。按照5点计分标准，最高分为5分，最低分为1分，中点分即中数为3分，对学校文化体系建设各维度的平均分进行统计，结果发现，学校管理者对学校文化体系建设的总体评分较高，总分为4.639，总分及各维度上的得分均高于中数3，说明项目学校文化体系建设总体水平较高。从各维度内部来看，环境与公共关系文化建设维度得分略低于其他维度，有待加强（见图5-2）。

❶　顾明远.论学校文化建设［J］.西南大学学报（人文社会科学版），2006（5）：67-70.
❷　王定华.试论新形势下学校文化建设［J］.教育研究，2012，33（1）：4-8.
❸　张释元，谢翌，邱霞燕.学校文化建设：从"器物本位"到"意义本位"［J］.教育发展研究，2015，35（6）：14-19.

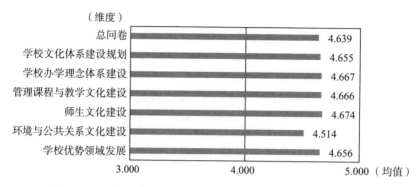

图 5-2 29 所项目学校管理者对学校文化体系建设情况的评价

二是项目学校影响力得到进一步扩大，教育质量得到进一步提升。关于在学校文化体系建设项目中的收获，针对 29 位学校管理者的问卷调研结果显示，排在第一位的是提升学校文化建设水平（86.21%），排在第二位的是扩大学校的影响力（68.97%），排在第三位的是提升教育质量，促进学生全面发展（65.52%）。此外，该问卷数据还显示，学校文化体系建设项目在提高教育科研能力、深化教育教学改革、推出论文等研究成果方面也有一定的促进作用（见表 5-1）。

表 5-1 学校管理者反馈的收获（ n=29 ）

条目	人数（名）	占比(%)
提升学校文化建设水平	25	86.21
扩大学校的影响力	20	68.97
提升教育质量,促进学生全面发展	19	65.52
提高教育科研能力	17	58.62
深化教育教学改革	14	48.28
推出论文等研究成果	12	41.38

三是学校文化体系建设依然存在一定的校际差异。从学校之间的文化建设水平来看，29 所学校文化建设自评总分均值为 218（标准差为 29.671），与学校文化体系建设项目自评满分 235 分相比，24.14% 的校领导对该学校

文化建设项目的自评总分低于总体均值，最低值为 141 分；75.86% 的校领导对本校文化建设项目的自评总分高于总体均值，最高分为 235，表明尽管项目学校文化体系建设整体水平较高，但由于学校历史、城乡分布等多种因素影响，学校间的文化建设状况仍有较大差异。

从实践来看，项目实施五年多来，在地方教育行政部门和专家组的支持与指导下，项目学校高度重视学校文化体系建设，积极将学校文化体系建设纳入学校整体工作，组织师生积极参与建设规划和实施，分阶段逐步突破学校文化体系建设的重点与难点。多数学校的办学理念体系在原有基础上不断完备，并在办学理念指导下推动学校管理、课程与教学改革，加强各项文化建设。

（二）促进区域学校文化特色发展

学校文化具有个性。一种学校文化是一所学校师生在教育实践中创造的，因此每个学校的文化都不可能相同。[1]学校文化的个性体现在各校的办学特色上。

一是学校管理者的问卷调研结果显示，近九成管理者认为学校文化体系建设在促进学校优势领域发展方面发挥了积极的作用。具体而言，89.65%（"比较符合"与"非常符合"合计）的管理者认为，学校在一个或多个领域具有一定优势，较好地符合和印证学校的办学理念和育人成效，具有竞争力和影响力；89.65%（"比较符合"与"非常符合"合计）的管理者认为，全体师生参与优势领域的建设与发展，并共享优势特色发展成果（见表 5-2）。

❶ 顾明远 . 论学校文化建设［J］. 西南大学学报（人文社会科学版），2006（5）：67-70.

表 5-2　管理者对学校文化建设促进优势领域发展的看法（*n*=29）

条目	选项	人数（名）	占比（%）
学校在一个或多个领域具有一定优势，较好地符合和印证学校的办学理念和育人成效，具有竞争力和影响力	不符合	0	0
	符合	3	10.34
	比较符合	3	10.34
	非常符合	23	79.31
全体师生参与优势领域的建设与发展，并共享优势特色发展成果	不符合	0	0
	符合	3	10.34
	比较符合	5	17.24
	非常符合	21	72.41

二是从实践来看，九龙坡区积极创建特色学校，目前国家级、市级特色学校达到 68 所，许多项目学校近年来在特色发展方面成效明显。一些学校基于广泛的调研与深刻的反思，结合自身实际与地域特色，加强传统文化与校园文化的有机融合，注重传承与创新。例如，杨家坪小学以"翰墨飘香、立字立人"为理念，突出书法办学特色，引导学生"规规矩矩写字，堂堂正正做人"。杨家坪中学确立了"人皆能大成"的办学理念，坚信人人皆能成功，认为真正的教育就是把每个学生都视为未来的种子，用爱的温度，呵护他们自由成长、成人、成才、成功。育才中学传承、发展陶行知先生的教育思想，以行知文化精神力系统、形象力系统及执行力系统三大文化发展任务为引领，践行行知文化。学校还建成了陶行知纪念馆，这也是全国唯一一所由中学修建并管理的陶行知纪念馆。该馆全面介绍了陶行知的生平、育才中学的发展历史及"学陶师陶成果"等，既是育才中学展示历史底蕴、办学特色、校园文化的一道亮丽风景，更是重庆市九龙坡区的一张"陶味"浓郁的城市文化名片。

还有一些学校以课程教材与课堂教学为载体，注重将文化建设融入学校课程中。例如，高新实验一小讲"美的故事"，做"美的教育"，以崇和尚美的教育愿景、建设美的校园、构建美的课程、完善美的制度、培育美的师生五个维度作为"美的教育"核心理念落地的支撑框架与抓手。该校引用美学家朱光潜的美学理念阐述美的教育，使美的教育理念有了根基；叙述世博会展示行为美的学生故事，使美的教育更加生动；师生广泛讨论基础上形成核心理念，使美的教育深入人心。学校创编的校本教材《"美的学生风采"三字经》涵盖"礼仪、习惯、公德"等内容，诠释了"美"的精神风貌。此外，九龙小学等依托"楹联之乡"九龙镇的传统文化，开设了楹联课程，丰富学生的文化生活。

（三）引领区域教育质量整体提升

质量是教育的生命线。实践中，项目学校以文化建设赋能质量提升，推进中央"双减"政策落实，深化"以生为本、减负提质"的课堂教学改革，成效明显。例如，谢家湾学校"减负提质"案例被评为全国基础教育优秀案例，高新实验一小作业管理经验在全国"双减"平台首页推送，谢家湾（金茂）小学获评教育部"基础教育精品课"，全区开设体艺、劳动、阅读、科技等课后服务特色课程，"双减"经验被《光明日报》《半月谈》专题报道。项目学校教师获国家级、市级优质课竞赛一等奖70余人次，学生参加体艺科技等活动获奖500多项，成功创建全市首批高水平中职学校，新高考实现质与量的再突破。

（四）促进区域教师队伍专业发展

教师是教育发展的第一资源。整体而言，学校文化体系建设项目的开展，对于教师专业发展、学校文化建设水平提升，以及学校教育教学质量提升等都有较大的促进作用。项目实施以来，项目学校涌现出了一大批"九龙名师"。

教师问卷调研数据也显示，多数教师在学校文化体系建设项目中收获满满，专业化水平得到很大提升。其中，81.66%的教师报告提升了教育理念，65.20%的教师报告提升了教育教学能力，63.70%的教师报告提高了教育科研能力，63.11%的教师报告提升了教育质量，促进了学生全面发展。此外，

45.71%的教师报告提升了参与学校治理与建设能力，43.06%的教师报告推出了论文等研究成果（见表5-3）。

表5-3　教师反馈的收获（ *n*=3402 ）

条目	人数（名）	占比(%)
提升了教育理念	2778	81.66
提升了教育教学能力	2218	65.20
提高了教育科研能力	2167	63.70
提升了教育质量,促进了学生全面发展	2147	63.11
提升了参与学校治理与建设能力	1555	45.71
推出了论文等研究成果	1465	43.06
其他	23	0.68

四、区域学校文化体系建设的反思——兼论新时代学校文化体系建设的特征

（一）新时代推进学校文化体系建设要坚持智库支撑引领

随着中国特色社会主义教育进入建设教育强国、加快教育现代化的新时代，教育智库成为答好新时代"教育之问"的坚实智力支撑，在服务教育决策、创新教育理论、指导教育实践中发挥着越来越重要的作用。重庆市九龙坡教育综合改革实验区学校文化体系建设项目的实践证明，全面提升校园文化建设水平，建设体现时代特征与学校特色的校园文化，需要重视和发挥智库的支撑引领作用。

一是重视发挥智库的方向引领作用。校园文化是社会主义先进文化的重要组成部分，推进学校文化体系建设，必须准确把握新时代学校文化体系建设的正确方向和时代内涵，将时代特征、中华优秀传统文化、革命文化、社

会主义先进文化和办学理念相结合，与时俱进，守正创新，把学校建设成环境优美、理念先进、育人氛围浓厚的立德树人主阵地。中国特色新型智库是党和政府科学民主依法决策的重要支撑，是国家治理体系和治理能力现代化的重要内容，❶担负着弘扬和传播社会主义先进文化的重要使命。学校文化体系建设要引智借力，注重发挥智库在方向引领和理念创新中的作用，坚持用习近平新时代中国特色社会主义思想铸魂育人，以理想信念教育为核心，以爱国主义教育为重点，以基本道德规范为基础，弘扬社会主义先进文化，把校园文化建设的出发点和落脚点放在培养德智体美劳全面发展的社会主义建设者和接班人上；紧紧围绕立德树人这一根本任务，将习近平新时代中国特色社会主义思想、习近平总书记关于教育的重要论述、社会主义核心价值观等重要内容融入校园文化建设之中，提高校园文化对师生思想政治教育的影响力和实效性。

二是重视发挥智库的理论引领作用。近年来，在教育行政部门和学校的共同努力下，学校文化建设越来越受重视，取得了明显的建设成效，但在实践中也不同程度地存在一些问题。例如，有的学校对学校文化的内涵和要求知之甚少，热衷于打造表面的物质文化，营建"形象工程"；有的学校说得多、做得少，学校文化建设流于泛泛的口号，更谈不上有意识的建构；有的学校在文化建设过程中"随心所欲"，缺乏系统规划和整合创新，学校文化内蕴良莠不齐。造成这些问题的一个重要原因在于，多数学校在文化建设方面的理论武装不足，意识不强，方向不明，文化建设呈散状化、无序化，甚至荒漠化、荒诞化。因此，学校文化建设必须以丰厚的理论作支撑，而创新教育理论是中国特色新型教育智库的重要功能。"中国特色新型教育智库建设应变以往阐释导向为创新导向，打造一批开放式理论研究平台，成为引领教育思想潮流、构建中国特色教育理论体系的中坚理论。"❷推进学校文化体系建设，必须重视智库在科学研究和理论创新中的优势作用，在准确把握学

---

❶　新华社.中共中央办公厅、国务院办公厅印发《关于加强中国特色新型智库建设的意见》[EB/OL].（2015-01-20）[2022-09-16].http://www.gov.cn/xinwen/2015-01/20/content_2807126.htm.

❷　刘来兵：中国特色新型教育智库的内涵与功能[J].教育导刊，2016（11）：32.

校文化建设规律的基础上，为学校文化奠定深厚的理论根基。

三是重视发挥智库的行动引领作用。高度重视实践导向，是世界知名智库的共同特点。中国特色新型教育智库不仅要努力拿出战略性、前瞻性、思想性和客观性的研究成果，还要具有可操作性，努力推动成果转化和落实，让智库的"方案"转化为教育实践。新型教育智库是以问题为导向，以实验区、项目学校等为依托，重视科研成果的转化，利用教育智库自身优势与特色资源，努力打造集教育科研、培训、服务等于一体的综合性、多功能教育科学传媒平台，鼓励研究中心、科研人员根据各自研究优势和成果，开发面向实验区、项目学校的，代表先进水平的，具有可操作性的科研指导项目，试验、转化科研成果，推动实践发展。近年来，在九龙坡教育综合改革实验区学校文化体系建设等项目中，中国教育科学研究院坚持以智库建设促进科研创新，以科研创新引领实践发展，通过方案研制、理论培训、实地指导等多种方式，推动学校文化体系建设水平整体提升，形成智库支撑引领学校文化体系建设的一个实践范例。

（二）新时代推进学校文化体系建设要发挥地方内生动力

在推进区域学校文化体系建设的过程中，地方政府、地方教育行政部门、地方教育科研部门以及学校协同联动，积极发挥作用，成为学校文化体系建设的强劲动力，助推学校文化体系建设不断跃上新的台阶。

一是地方政府战略举措引领，形成良性的文化场域和文化生态。文化是一座城市的根和魂。一座城市的持久生命力靠的不仅仅是发达的经济，更要有文化软实力来提供巨大精神动力和智力支撑。九龙坡人文荟萃，历史悠久，远古时期的玉龙旧石器遗址标志着城市文明的成熟，巴人船棺、华岩古刹开启巴渝文化、佛教文化于千年之遥，白市驿川剧、含谷火龙、走马民间故事、九龙楹联传承百年民间文化。近年来，九龙坡区委、区政府高度重视文化建设，按照"东兴都市、西强工业、城乡统筹、两翼齐飞"的发展战略，大力挖掘历史文化底蕴，在经济指数日益高涨的同时提出文化强区的奋斗目标，并取得了令人瞩目的成绩：在城市建筑、人文景观、经济商圈的建设打造中，融入本土特色文化元素；在群众文化活动、休闲娱乐场所、媒体宣传报道中，彰显九龙文化底蕴，形成了良性的文化场域和文化生态，为推进教育体系文化建设营建了创新发展氛围。

二是地方教育行政部门构建评价激励系列制度，保障项目运行。九龙坡区教委聚焦"行知、国际、课改、特色、质量"五张名片，坚持特色建设善抓巧干，"一校一品一亮点"充分彰显。2020年，中共中央、国务院印发的《深化新时代教育评价改革总体方案》明确指出，完善评价结果运用，综合发挥导向、鉴定、诊断、调控和改进作用。在项目管理中，教育行政部门通过构建合理的评价机制和保障制度推进项目运行。例如发布项目工作考核方案，从组织管理、过程评价、资料管理、工作实效、项目实绩五个维度，以及项目学校自评、联盟体内互评、项目学校间互评、工作组评价和专家评价五个方面开展评价，按年度或按阶段对项目学校的研究情况进行动态管理，并制定了激励及退出制度等，保障项目顺利进行。

三是地方教师进修学院完善运行机制，推进项目落地。在学校文化体系建设的推进过程中，九龙坡区进修学院带领项目学校创造性地提出了整体推进与联盟体分组推进相结合的运行机制。整体推进重点解决教师对学校文化体系建设概念不清、策略缺乏等问题。联盟体分组推进则兼顾学校差异，有针对性地帮助学校解决具体问题。此外，遵循专家指导、区教委（进修学院）推进、学校实施的三方联动原则。首先，以区教师进修学院为主，进行项目日常管理工作。例如，教师进修学院负责年度工作计划和总结的起草撰写、项目工作的过程管理、活动策划和组织、评审验收等工作。其次，以中国教育科学研究院专家组为主，区教师进修学院协助，开展培训指导工作。例如，四个联盟体的联络员分别由区教师进修学院教研员担任，分别对联盟学校进行常规指导培训。

四是项目学校深度着力，构建特色鲜明的学校文化体系。在地方教育行政部门、专家组和进修学院的支持、指导与推动下，各项目学校高度重视学校文化体系建设，积极将学校文化体系建设纳入学校整体工作，组织师生积极参与建设规划和实施，分阶段逐步突破学校文化体系建设的重点与难点。

多数学校的办学理念体系在原有基础上不断完善，并在办学理念指导下推动学校管理、课程与教学改革，构建了特色鲜明的学校文化体系。

（三）新时代推进学校文化体系建设要加强学校党建

习近平总书记在 2018 年全国教育大会上发表重要讲话，从党和国家事业发展全局出发，突出强调了加强党的领导对于做好教育工作的极端重要性，并对加强党对教育工作的全面领导提出了明确要求。加强党的领导是做好教育工作的根本保证。中小学校党组织是党在中小学校全部工作和战斗力的基础，担负着把方向、管大局、作决策、抓班子、带队伍、保落实的领导职责。学校要把党建工作与教育工作有机结合起来，充分发挥学校党建的引领保障作用，以高质量党建引领教育事业高质量发展。

一是党建工作引领文化创新和教育质量创优。九龙坡区中小学聚焦提升党的凝聚力，深学笃用习近平新时代中国特色社会主义思想，牢牢把握社会主义办学方向，坚守为党育人、为国育才使命。通过微宣讲、微视频、微活动、微创作、微访谈等形式，组建理论宣传群、立德树人群、教育咨政群、名家名师群、志愿服务群，以"五微五群"凝心聚力，形成喜迎二十大、学习二十大、宣传二十大的浓厚氛围，引领文化创新和教育质量创优。

二是打造党建品牌，充分发挥党组织战斗堡垒作用。九龙坡区中小学聚焦提升党的战斗力，抓好基层党组织规范化、标准化、特色化建设，打造"行知"党建、"智德"党建、"红梅"党建、"星火"党建等市级党建品牌，建设区级党建品牌，充分发挥基层党组织的战斗堡垒作用。

三是党建品牌与学校文化双融双促。各项目学校将党建品牌与学校文化体系建设相结合，让党建工作引领和促进学校文化体系建设工作，二者双融双促，相得益彰。各项目学校建立具有学校文化特色的党建品牌，奋力书写学校文化体系建设的特色篇章。例如，杨家坪中学党建工作围绕"大成"文化，在思政教育方面着力。精心开展庆祝建党 100 周年暨"十个一百"主题活动，并在此构架下打造书记校长领航、管理队伍同频、思政老师主导、班主任队伍主体、学科老师渗透、学生队伍自育、家长群体协同、社会资源跟进的"八位一体"思政大队伍，创新以关键课为核心、渗透课为拓展、主题课为支撑、活动课为平台、隐形课为补充的"五课一体"思政大课堂。工艺美术学校以红心引领匠心，以匠心致敬红心，把教育教学工作、庆祝建党100周年、思政教育和学校文化体系建设相结合。铜罐驿实验学校有烈士塑像、红岩浮雕、文化长廊，校园文化浸润人心，耀眼的红色处处可见。学校秉持"弘扬红岩精神、赓续红色基因、办好红色教育、播种红色初心"的办学理念，精心组织实施讲好红色故事、上好红色课程、做好红色活动、诵好红色经典和筑好红色阵地"五大行动"，点亮信仰灯塔，践行初心使命。

第六章　新时代学校文化体系建设典型案例

本章从九龙坡实验区 29 所项目学校中，兼顾学段、学校类型及学校文化建设特色，选择了 6 所学校介绍近年来学校的文化体系建设特色与经验。第一个案例分享了重庆市育才中学校"行知文化"建设的探索与实践；第二个案例分享了重庆市杨家坪中学"大成教育"建设的探索与实践；第三个案例分享了重庆市九龙坡职业教育中心"智德文化"建设的探索与实践；第四个案例分享了重庆市外国语学校森林小学"绿色文化"建设的探索与实践；第五个案例分享了重庆市九龙坡区实验一小教育集团"归原文化"建设的探索与实践；第六个案例分享了重庆市九龙坡区华福小学"幸福教育"建设的探索与实践。

一、重庆市育才中学校"行知文化"建设的探索与实践

重庆市育才中学校是 1939 年由人民教育家陶行知先生创办的。陶行知的教育思想和办学实践是学校宝贵的财富。陶行知先生向来重视校园文化建设，他曾说过："阵有阵容，校有校容，有其内必形诸外。"学校文化是一所学校的重要组成部分，是学校的灵魂、风骨与气质，是学校在长期的办学实践中积淀形成的一种稳定的、独特的精神风尚和行为规范。❶80 多年来，学校传承、践行、发展陶行知先生的教育思想，打造"生活教育"教学模式，构建"生活教育"课程体系，形成"生活教育"的办学特色，不断弘扬行知文化。

---

❶　张东娇.学校文化管理［M］.北京：教育科学出版社，2013：3.

（一）行知文化的内涵与特征

1. 行知文化的内涵

行知文化是基于陶行知教育思想、教育理论、教育方法、教育实践等形成的一系列价值观念、精神取向、思维意识以及行为方式等的综合。❶本文的行知文化特指陶行知的教育思想、教育理论和教育实践在重庆市育才中学校形成的文化现象。重庆市育才中学校的行知文化要素包括行知行思想和求真务实精神、创新创造教育思想和创造精神、红色基因和革命精神。

2. 行知文化的本质特征

行知文化的第一个本质特征是"行—知—行"。陶行知先生基于自己的教育实践，批判性地继承和发展了"知行合一"理论，提出了"行是知之始，知是行之成"的"行—知—行"观念和认识理论。"行—知—行"的认识论，符合马克思主义关于物质第一、实践第一的观点，体现了求真、务实的辩证唯物主义思想。

行知文化的第二个本质特征是"生活"。行知文化的生活性，集中体现在生活教育本质特征的三句话上，即"生活即教育""社会即学校""教学做合一"。处处是生活，处处便是教育。

行知文化的第三个本质特征是"大爱"。陶行知先生说："待学生如亲子弟。"爱是教育之本，没有爱便没有教育。陶先生的教育理论全部是建立在"爱"的基础上的，他的名言"爱满天下"就是这种大爱精神的真切表达。

行知文化的第四个本质特征是"奉献"。"捧着一颗心来，不带半根草去"，"为一大事来，做一大事去"，是陶行知献身教育的真实写照。他爱教育、爱学生，为教育事业奉献了自己的一生。

行知文化的第五个本质特征是"求真"。陶行知先生提出的"真人"就是要有真知识、真本领、真道德，也即"真善美的活人"。"求真""做真人"既是师德教育的目标，也是学生成长的根基。

---

❶ 刘惠珍. 以行知文化推动新时代师德养成［J］. 教学与管理，2008（9）：56–58.

行知文化的第六个本质特征是"创造"。陶行知认为，创造教育的目标是培养创造性人才和真善美的活人。创造教育内容极为丰富，概括地说，即创造的生活教育。人生需要什么，创造教育就教什么；是什么样的生活，就教什么样的创造教育。

行知文化的第七个本质特征是"红色"。被宋庆龄称为"万世师表"的陶行知，身体力行推动平民教育，义无反顾地投身于为最大多数的中国人民争取民主、争取自由的斗争中去。1939年7月，陶行知在重庆北碚创办育才学校，招收有特殊才能的战争难童。在党的领导以及老一辈革命家周恩来、叶剑英等同志的关怀下，育才学校成为当时最具革命活力的学校（"小延安""小解放区"）。育才学校有几十位师生在抗日战争和解放战争中牺牲，成为光荣的烈士。

（二）行知文化的实践研究

重庆市育才中学校以"行知文化精神力系统""行知文化形象力系统""行知文化执行力系统"三大文化发展任务为引领，通过"打造示范基地""确立文化识别""发挥精神引领""构筑生长路径""挖掘现代内涵"，全方位打造行知文化，挖掘行知文化的"个性"，引领学校教育发展，塑造品牌特色学校。

1.追寻行知印记，打造行知文化之示范基地

为了弘扬行知文化，重庆市育才中学校修建了陶行知纪念馆，采用多种形式展示陶行知的生平和教育思想，这是全国唯一一个修建在中学校内纪念陶行知的名人纪念馆。❶陶行知纪念馆被评为中国民主同盟传统教育基地、重庆市中小学社会实践教育基地、重庆市爱国主义教育基地。学校致力于把陶行知纪念馆打造成行知文化的示范基地乃至国家级爱国主义教育基地，作为师资培训、新生入学教育和社会实践活动基地，让更多的人走进重庆市育才中学校，了解陶行知，了解行知文化。截至2022年10月，学校已接待来

---

❶ 民盟传统教育基地揭牌仪式在重庆育才中学举行［EB/OL］.（2021-03-19）［2022-09-16］. http://education.cqnews.net/html/2021-03/19/content_51283605.html.

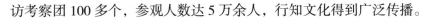

访考察团 100 多个，参观人数达 5 万余人，行知文化得到广泛传播。

2. 厚植行知情怀，确立行知文化之文化识别

学校通过打造一园（行知公园）、一馆（陶行知纪念馆）、一剧（话剧《陶行知在重庆》）、一部小说（《火种》）、一系列雕塑、一套文献集等建立了环境文化识别系统，通过打造校训柱、文化石、文化小品等进一步丰富和完善行知文化的形象力系统。从物质环境的硬件建设到人文环境和谐氛围的营造，都处处体现"陶味"。同时，通过反复研讨，学校确立了行知文化的精神力系统。

（1）办学理念：行知育才，教育为公。

（2）办学目标：努力把重庆市育才中学校办成国内一流、国际知名的创造型学校。

（3）办学特色：生活教育。

（4）育人目标：培养学生成为"自立立人""自达达人""自觉觉人"的人格完整的"真人"。

（5）育人理念：行生活教育，育创造之人。

（6）学校精神：大爱、奉献、求真、创造。

（7）校训：求真、乐群、行知、创造。

（8）校风：行知合一，手脑相长。

（9）教风：教学做合一，真善美同生。

（10）学风：自立、自达、自觉。

3. 弘扬行知精神，发挥行知文化之精神引领

（1）通过举办故事分享会，弘扬行知精神。为大力弘扬"大爱、奉献、求真、创造"的行知精神，学校每年开展"听见育才的声音，优秀党员在身边"故事分享会，通过树立典型，发挥正能量，引导教师求真、求善、求美。通过活动的开展，让全校教师争做行知"四有"好教师：追求一个目标——"为一大事来，做一大事去"，做一个有理想信念的教师；弘扬一种精神——"捧着一颗心来，不带半根草去"，做一个有道德情操的教师；坚持一个理念——"千教万教教人求真，千学万学学做真人"，做一个有扎实

学识的教师；培育一种情怀——"爱满天下、乐育英才"，做一个有仁爱之心的教师。

（2）通过开展"生活教育"课题研究，传承行知思想。20 世纪 80 年代以来，学校承担了多个国家级和市级课题，主要进行了以"生活教育"为特色的德育研究、教学改革的实验研究和校本课程的研究。从"九五"期间到"十四五"期间，学校承担的国家级和市级重大课题都是将陶行知的生活教育原理与素质教育、新课标、中学生核心素养等当代教育教学改革的重点、难点、突破点结合起来，紧紧围绕如何构建、实践、发展生活教育为特点的办学模式开展研究，取得了重大实践和理论成果。近十年来，学校主要承担了 14 个以"生活教育"基本原理与当代教育教学改革结合起来的国家级、市级课题。学校承担的重庆市教育科学"十一五"规划重点课题"素质教育中的生活教育模式深化研究"荣获国家教育部教学成果二等奖；课题"生活教育模式下中小学科技创新高层次人才培养路径与实践研究"荣获 2021 年重庆市教学成果一等奖。

（3）通过《重庆陶研文史》搭建平台，传承行知思想。此外，学校还通过《重庆陶研文史》搭建交流平台，与重庆市陶研会联合创办的《重庆陶研文史》至今已有 22 年，共出版 85 期。每期设有"行知思想""学陶师陶""流金岁月""教育教学"等多个栏目，已在全国十多个省区市广泛传播。

4. 秉承行知理念，构筑行知文化之生长路径

（1）加强行知文化与教学过程的融合。在行知文化的指引下，学校确立了"基于生活而教、为了生活而教、用生活来教"的课堂教学理念，提出了构建"生活教育"课堂教学模式，打造行知高效课堂。行知高效课堂分为知识问题化、问题生活化、过程互动化、知识能力化四个教学环节。❶ 同时，学校将"小先生制"引入课堂教学中，如课前十分钟让"小先生"读书汇报、让"小先生"讲课、让"小先生"批改作业等，学生在互帮互助的活动中提高学习能力。

---

❶ 张和松. 陶行知生活教育的传承与创新［M］. 成都：四川科学技术出版社，2019：102.

（2）加强行知文化与课程建设的融合。课程是育人的核心与关键，学校将行知文化与课程建设相融合，构建起"两大领域、三级层次、多个群系"的生活教育课程体系。❶同时，学校致力于开发生活教育校本课程。一是开发中学生生活教育课程，如"中学生生活教育"；二是根据学校以及社区的教育信息资源开发研究性学习的校本课程，如"生活中的语文""生活中的数学"；三是依据学科知识开发应用课程及教材，如数学学科应用课程开发的校本教材有《高中数学核心概念及思想方法教学设计集》《高中数学学生创新学习活动设计》等。

（3）加强行知文化对生活德育的渗透。学校以"五全"教育为工作纲领，以"五育并举"为工作要求，积极打造"生活德育"品牌，构建生活德育课程体系。"生活德育，向阳而生"德育案例荣获教育部"一校一案"落实《中小学德育工作指南》典型案例。一方面，学校组织开展"求真知，做真人"主题班会，进一步弘扬、传承行知思想，以"真人教育"思想浸润学生的心灵，让学生感悟做人的真谛。另一方面，通过举办"四大节"（艺术节、体育节、创造节、读书节）把行知文化运用到活动中。

（4）加强行知文化对家庭教育的辐射。陶行知先生所提倡的"生活即教育""教学做合一"等教育思想无疑对家庭教育有很大的启迪。学校注重行知文化在家庭教育中的辐射，在学生已经具备一定的家庭生活自理能力的基础上实施"三师计划"（家庭营养师、家庭养护师、家庭美化师），开设"家庭收纳技巧""插花艺术""制作家庭美化装饰"等课程，引导学生制作家庭收纳盒、美化装饰、插花装饰等，锻炼了学生动手能力和生活能力，从而帮助学生学会生活、提高生活品质、创造美丽人生。

（5）加强行知文化对社会生活的渗透。学校注重把行知文化渗透到社会生活大课堂中。第一，作为重庆市生涯规划实验基地学校，学校积极开展生涯规划教师培训，并建立了生涯规划中心，开发出基于生活教育的生涯规划课程。第二，利用社会资源，开展丰富多彩的社区服务活动。第三，作为重

---

❶　杜东平. 以当代生活教育为特色学校建设的研究［J］. 重庆陶研文史，2011（2）：31-33.

庆市研学旅行示范学校，在开放性、生活性、体验性三大原则下，开展研学旅行。依托陶行知纪念馆，学校开展了"行知之路、寻根之旅"活动；依托美国哈佛大学、麻省理工学院，学校利用寒暑假开展了"名校寻踪·国际视野"研学旅行等。

5.结合时代要求，挖掘行知文化之现代内涵

学校文化是随着时代发展不断变化、与时俱进的，这就需要我们对学校文化进行不断挖掘，赋予学校文化新的内涵。在新的时代背景下，学校致力于挖掘行知文化的现代内涵。

（1）挖掘抗疫背景下"育才十二要"的新内涵。陶行知先生反复强调道德是做人的根本，其中关键一点就是要养成良好的习惯，对此陶行知先生在实践中提出了"育才十二要"。在抗疫背景下，重庆市育才中学校新解"育才十二要"，从内容和形式上进行了创新。从内容上，赋予"育才十二要"新的时代内涵，如提出：要诚实无欺——配合检查不隐瞒；要谦和有礼——咳嗽喷嚏懂礼节；要自觉纪律——遵守管理不集聚；要手脑并用——健康起居勤锻炼；要整洁卫生——戴口罩、勤洗手；要有始有终——听从指挥抗疫情；等等。❶ 从表现形式上，一是采用了图像的形式，学生手绘"育才十二要"，并制作成图片张贴在每个班级的教室，作为学校的学生守则；二是把"育才十二要"谱曲传唱，入脑入心、朗朗上口，增加了趣味性。

（2）挖掘"双减"背景下"六大解放"的新内涵。陶行知在20世纪40年代提出了"六大解放"的教育主张，即解放儿童的头脑，使之能想；解放儿童的双手，使之能干；解放儿童的眼睛，使之能看；解放儿童的嘴，使之能讲；解放儿童的空间，使之能接触大自然和社会；解放儿童的时间，使之能学习自己渴望的东西。❷ 可以说，陶行知用"六大解放"回答了"双减"的本质，二者是一脉相承的。"双减"政策的推行把学生从繁重的课业压力

---

❶ 华龙网.战"疫"｜新解"育才十二要"重庆育才中学这样"防疫"很走心［EB/OL］.（2020-02-15）［2022-09-16］. http://education.cqnews.net/html/2020-02/15/content_50816056.html.

❷ 陈昌铎，陈信.陶行知"六大解放"教育主张的现实意义［J］.河南教育（基教版），2005（7）：8.

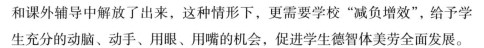

和课外辅导中解放了出来，这种情形下，更需要学校"减负增效"，给予学生充分的动脑、动手、用眼、用嘴的机会，促进学生德智体美劳全面发展。

（3）挖掘"五育并举"背景下"育才二十三常能"的新内涵。陶行知先生于1944年提出了"育才二十三常能"，将学校的学生素养分为"初级十六常能"和"高级七常能"。❶ 在陶行知提出的"二十三常能"的基础上，结合办学实践和新时代劳动教育的内涵，学校提出了劳动教育"新二十三常能"，包括会打扫清洁、会收纳整理、会生活美化等16项初级常能，和会数据处理、会生涯规划、会持正担责等7项高级常能，并对每个常能进行了新的解读。❷ 通过教室生活大课堂、校园生活大课堂、家庭生活大课堂、社会生活大课堂的实施，重庆市育才中学校构建起一个目标明确、内涵丰富、形式多样、落地生根的劳动教育课程体系。

（三）行知文化建设取得的成效

学校推进行知文化建设以来，取得了显著的成效。一是学生的大爱、奉献、求真、创造四大必备品格得到发展。二是学生的学习力、自治力、生活力、创造力四大关键能力得到提升。学校在实践中坚持以"四大节"为活动主线，为学生搭建平台，发展学生个性特长。三是办学特色得到大力彰显。学校践行生活教育思想，树立了一批生活教育特色项目，如生活德育、国际象棋、排球、足球、美术等，取得了显著成绩。四是校园行知文化凸显。学校大力实施"行知精神弘扬行动"，积极营造富有浓浓"陶味"的行知文化氛围，倾力打造一张"师陶圣地，育才摇篮"的城市文化名片。通过"一园"（行知公园）的环境塑造，"一剧"（大型原创话剧《陶行知在重庆》）的文化塑造，和"一馆"（陶行知纪念馆）的历史传承，弘扬"大爱、奉献、求真、创造"的学校精神，行知文化得以凸显，辐射全区，得以推行。近年来，九龙坡区将弘扬行知精神作为打造教育强区的"五张名片"之一，每年通过举办行知教育分享会，评选行知教师等，强力推广和践行学陶师陶，取

---

❶ 张和松. 新时代劳动教育二十三常能的构建［J］. 今日教育，2021（4）：41-43.
❷ 张和松. 新时代劳动教育二十三常能的构建［J］. 今日教育，2021（4）：41-43.

得了一系列可圈可点的成果和经验。

当然，学校文化建设是一个系统工程，需要长期积淀，将办学理念转化为实践并不断创新。今后，重庆市育才中学校将进一步加强行知文化的建设，不断提升行知文化的个性魅力和社会影响力。

二、重庆市杨家坪中学"大成教育"建设的探索与实践

重庆市杨家坪中学始建于1957年，是重庆市首批重点中学、德育示范学校、青少年创新人才培养试点学校。回首65年的办学历程，学校在栉风沐雨中，筚路蓝缕，开拓奋进。从500人的单办初中，到半工半读的教育试点；从普通高完中教育的回归，到直辖后的市属重点；从三校整合、彩云湖校区的创办到"一校四区一联盟"的集团化办学，今日的杨家坪中学是一所有初、高中共237个教学班、12155名在校学生、841名在职教职工的大型学校。杨家坪中学何以在近十年实现跨越式发展？答案就是：学校大成文化的力量。

（一）学校发展的现实窘境与破局突围

习近平总书记在党的十九大报告中就曾明确指出，没有高度的文化自信，没有文化的繁荣兴盛，就没有中华民族伟大复兴。这就说明文化可以产生动能，聚集力量，凝结智慧，具有强大的"复兴力量"。

1.学校发展的现实窘境

重庆市杨家坪中学坐落在重庆市九龙坡区，是一所老牌的区属重点学校。重庆这座山水之城用琢玉成器的工业精神和自然和谐的人文情怀不断滋养着学校的精神土壤，但在十年前，除了面对周边学校的竞争，学校也面临地域受限、生源挤占、师资不足的三重资源危机。要破解危机，实现教育突围，就必须激活师生动力源泉，助推师生持续发力，毫无疑问依靠的就是文化的牵引力。

如何做好学校文化，让学校真正从"低效能"走向"高效能"？ 2018

年，院区合作为杨家坪中学的文化探索提供了精神"向导"。在中国教育科学研究院专家的引领下，学校梳理了文化建设中的问题。其一，站位不高，认识不足。在"唯分数论"的影响下，学校未能从教育的本质出发去思考学校的发展，围绕着"人"来统筹建构理念文化与课程文化、行为文化等方面。其二，传承缺乏延续性。学校缺少对历史的追溯，缺乏对师生的关注，行政更迭自然让"贴牌"文化失去生命。其三，建设规划不足，缺乏长远性。学校既缺少学校文化通盘规划，也缺少微观文化的细节部署。其四，课程融合不足，缺乏深层性。课堂是学校生活的主阵地，文化建设远离课堂，孤芳自赏，割裂了文化与教育教学的关系。其五，个性亮点不足，缺乏独特性。学校文化设计队伍素质不高，活动创新不够，美化设计趋同，没有生命力。

2.学校文化的破局突围

在轰轰烈烈的中国教育改革浪潮中深刻反思，学校摒弃了知识本位的教育弊端。学校"以人为本"，在六千师生当中发放问卷，开展了学校文化设计大赛，洞察师生的状态，倾听师生的心声，汇聚智慧，结合校情，终于在迷茫中捕捉到了"大成"这个文化基因。大成，源于文化至圣孔子之教育思想。《孟子·万章下》："孔子之谓集大成，集大成也者，金声而玉振也。"孟子称赞孔子："才德兼备，学识渊博，集古圣贤之大，正如奏乐，以钟发声，以磬收乐，集众音之大成。"❶这里的"大成"不是通常意义上的伟人成功观，也不是名人名利观，而更强调平凡人的成功。学校相信：人人皆能成功，只是成功因人而异，成果不尽相同。"大成"在杨家坪中学，追求的是人本之光、大成之美，关注的是时代的创新和聚变，聚焦的是核心素养和能力，体现的是办学的站位之高、思考之智和行动之实。

与此同时，学校不断结合校情，挖掘历史，深化内涵，逐渐形成了"人皆能大成"的办学理念："人"是大成教育的核心——尊重人人，以人为本，是大成教育的价值观；"皆"是大成教育的场域——面向人人，全面育人，

---

❶ 许富宏.慎子集校集注［M］.北京：中华书局，2013：63.

是大成教育的资源观；"能"是大成教育的信念——相信人人，相信梦想，体现大成教育的时空观；"大"是大成教育的成效——大处着眼，多元发展，体现大成教育的评价观；"成"是大成教育的意义——人人成就，相互成全，体现大成教育的目的论。"人皆能大成"是学校文化的"信仰塔"，成为学校师生的执着追求和"教"与"学"的核心动能。

在文化寻根、文化冲突、文化筛选的过程中，学校不但一步一个脚印地找到了文化建设的一种本土表达方式，还在传统与未来、继承与创新的调和中获得了全校师生的文化认同，重构起了学校文化的精神磁场。

（二）大成文化的顶层设计与相互观照

找准了"人皆能大成"的办学理念，如何牵引全校师生心甘情愿地跟着理念走，把它作为一生信守的精神灯塔放在心中，随时照亮人生，而不是作为教条，冷冰冰地贴在教室墙上？在院区合作的过程中，杨家坪中学从大成文化的战略布局和兄弟学校文化建设的交流学习中得到了一些启迪。

1.大成文化的顶层设计

通过院区合作，大成文化从无到有，从有到优，从优到用，从用到信。这事实上是对学校精神文化、制度文化、环境文化、课程文化、行为文化五个变量进行结构性设计和操作，并使其不断优化的过程。这个过程应该踩准本土文化建设的内在韵律节奏，体现出组织性、预见性和设计感。

第一，文化建设要有"人"。院区合作工作以来，学校时任校长李勇高度重视，提出把文化发展作为学校发展的第一驱动力的精神。为解决文化建设责任不明的问题，学校成立了以李勇校长为项目工作组长，课程研发中心为第一责任人，学生发展中心、质量管理中心及后勤管理中心为三大主体的大成学校文化建设领导小组，专人专项负责文化项目，分工明确、责任落实、有序运转，通力配合，不断挖掘精神源泉，大大增强了学校文化建设的能力。

第二，文化建设要有"路"。在大成文化建设中，学校认为，文化建设要化虚为实，使其有组织、有目标、有层次、有梯度地逐步开展，才能够真正产生持续不断的推背力。于是，学校探索出了"13455"大成文化建构模式："1"是以"立德树人"为一个核心；"3"是以"大成人物、大成场域、大成故事"为三大元素；"4"是以"民主渐进、情景交融、包容个性、继承创新"为四大特征；"5"是以"大成精神文化、大成制度文化、大成环境文化、大成课程文化、大成行为文化"为五个维度；"5"是以"文化回溯、文化提炼、文化重构、文化认同、文化辐射"为五个步骤。"13455"大成文化建构模式，架构起学校文化的"成长梯"，让大成文化建设的目标立体化，内容明晰化，路径可视化，为学校文化建设提供了战略行动指南。

第三，文化建设要有"痕"。"人皆能大成"是观照学生一生的美好愿景，那么"大成"在学校生活中应该留下什么样的印记，才能让学生终身铭记呢？学校结合自身办学特色和学生特点，将"五育目标"本土化，逐渐形成了"六一成就"（一颗阳光心、一副好身体、一身好才艺、一个好习惯、一群好伙伴、一生好品德）的育人目标。每个"一"又有对应的六个二级指标，例如"一颗阳光心"的二级指标为"心态要阳光、心胸要宽广、心气要平和、心志要坚定、心境要从容、心灵要温暖"……每个二级指标下又分别设立三个三级指标，细化为36个指标，108个微落点，让每一名师生看到校园生活中"人皆能大成"的最美样态。

2. 文化发展的相互促进

院区合作为学校之间文化交流搭建了一个绝佳的通道和平台，促进大成文化建设持续发力。

一是项目工作，按时完成。院区合作项目启动以来，根据院区合作办公室要求，学校作为项目成员学校一直严守纪律，全勤出席文化体系建设项目工作会议及培训，并把计划、月报、总结等工作落到实处。学校不断整合力量、凝聚智慧，从精神力系统、课程力系统、行动力系统到形象力系统，按照合作办的工作指导制订计划，有条不紊地推进项目工作。

二是做好龙头，齐头并进。学校除了做好自身文化建设，还立足于区内文化发展不均衡等现实问题，履行好院区合作项目第二联盟体牵头学校的引领责任。用制度和激励双向保证项目工作高质量完成，兄弟学校在互学互助中不断汲取力量，形成学校文化建设发展的良好氛围和合力。

三是交流示范，勇担重任。院区合作项目启动以来，重庆市杨家坪中学承办和参与文化体系建设项目的展示活动和现场会议有八次。2019 年 11 月 17 日，承办中国教育科学研究院九龙坡教育综合改革实验区重点项目工作会，取得了圆满成功。学校连续三次在区级展示活动中，作为联盟体学校代表完成校园文化展示活动交流发言。2020 年新冠疫情以来，牵头开展联盟体线上研究会议。2020 年 12 月 7 日，杨家坪中学承办重庆市九龙坡区特色学校研讨会，全区青干班 200 余名中层干部，300 余名校长到校参观学校文化建设。2021 年，全区特色杨家坪中学展示会议在学校举行，大成学校文化作为全区特色亮点一再受到关注，并获得一致好评。

（三）大成文化的实践路径和现实样态

学校文化要形成一种具有生命力的品牌，一种师生认同的精神堡垒，还要从课堂的改革、生涯的动能、活动的细节等方面用真功，下深水，才能唤醒学校文化的活性基因。

1. 紧抓课程改革，深耕"营养田"

大成文化生长的过程是动态过程。在高质量教育发展的号角下，学校努力尝试通过课程文化的浸润、课程体系的建设、课程内容的创新、课程资源的拓展来增加学校文化的生命厚度。2018 年开始，学校在李继星教授等专家团队指导下，5 次改版，在纵向上建构起了"一轴三型五维"大成课程体系："一轴"即以"立德树人"根本任务为轴心，"三型"即以基础型、拓展型和综合型课程为主体，"五维"是指在"五育目标"下对应形成百门校本课程。大成课程体系让学校课程脉络分明、逻辑清晰，形成大成课程的立体骨骼。这些课程分级分层，自主选择，尊重了学生的个体差异，满足了学生的个性趣味需求，让每一个学生的潜能都得以绽放。"创客体验营"上学生自己动手做木工活，"生命的奇迹"里学生到彩云湖实地考察课程水质情况，陶艺课上学生自己设计、制陶、烧陶，校长、学生、保安、食堂大厨、家长、学长等都是资源。参与者人人都享受到大成课程的乐趣和幸福。

学校把课程融入二十四节气之中，让各门课程在一年四季的春暖花开、夏虫蝉鸣、秋荷落日、冰雪消融中有条不紊地展开。一月立春时，学校开设"传统感恩"课程，让学生组织一场家庭春晚；二月雨水时，学校开设"文明礼仪"课程，让学生学习校园礼仪，与家人一起写下家庭礼仪公约；三月惊蛰时，开设"起点励志"课程，用合唱比赛、"百日誓师"活动让新学期归零重启等。这是大成教育一年的时光轮回，也是大成文化的时序表达方式。

课堂是学校的主阵地；课程文化是学校文化最核心的内容。大成课程体系和二十四节气课程的形成正是大成课程文化不断深化的彰显。

2. 望远生涯发展，激活"动力源"

大成教育不仅要立足于传统，还要着眼于创新；不但要关注学生的今天，还要关注他们的明天；不但要关注"人"，还要让每一个生命与时代同生共息。2018年新高考到来之时，学校敏锐地捕捉到了生涯教育的跫音，希望以生涯教育为抓手，赋能学校大成文化建设，激活学生成长的动力源泉，让学生发现自我、认识世界、自律行动，助力学生一生的成长、成人、成才、成功。

一是课题带动。学校成功申报重庆市教育科学"十三五"规划课题，并建构起"校区市"三级课题研究队伍，用课题组带动全校教师自觉参与生涯教育。

二是课程撼动。学校建构起集生涯专修课、学科融合课、实践体验课、家校共育课于一体的彩成生涯课程，并开展了"生涯访谈""现场招聘会"等系列活动。在生涯研学中，学生走进格力、煤炭科学研究总院、西南大学等企业、高校，深入了解学科、专业、职业的发展与走向，扫清了生涯发展路途上的一个个盲点。在"鹿鸣现场模拟招聘会"上，学生拿着精心准备的简历，去应聘公务员、医生、教师、记者、物流经理等29个岗位的工作，帮助学生形成自我人生目标，提升学生生涯规划的能力。

三是基地撬动。几年来，学生完成2000多份各界人士的访谈问卷，共创作了1000多张生涯思维导图，1000多名家长成为生涯课堂的学生，20多名家长被特聘为家长讲师团讲师，20多位国内外专家走进课堂。学校被评为"重庆市生涯教育基地学校"，1000多名全国教师走进学校，共同分享学校生涯教育的果实。生涯教育为学校文化发展增加了活血因子，让师生感受到每一个生命都独一无二，每一段成长都可以是动人的旋律。

3. 锻造品牌活动，打造"记忆点"

青年作家李思圆在《生活需要仪式感》中说："仪式感，是一种对生活认真、尊重、敬畏且热爱的态度。"❶ 立足学校文化品牌活动，打造仪式感，能在日常普通的校园生活中制造不普通，让师生找到归属感和幸福感。学校用心举办"四大典礼""四大节日"品牌活动，倾注全力，用充满仪式感的活动为学生刻写中学时代的难忘记忆。

一是抓坚持，绝不间断。学校连续八年，面向不同学生群体，定期举办开学典礼、读书典礼、成人典礼、毕业典礼。

二是抓心理，制造惊喜。体育文化节的铜梁龙、科技劳动节的机器人方阵表演、开学典礼收专属定制礼物、成人典礼上的集体蛋糕和成人证书、考试节的免费午餐和专场电影。

三是抓感动，制造泪点。如校长的祝福、师生的离歌、学校"萌宠猫"的影像。

四是抓高潮，制造燃点。毕业典礼365架无人机飞向空中，一场长达7分钟的无人机灯光秀编队表演，惊艳了校园的夜空。这些形式多样、精彩纷呈的活动，让学生感动、惊喜、期待、怀念，并终生难忘。

4. 精雕场馆文化，建造"精品馆"

学校力求将场馆文化建设作为大成文化的抓手，让场馆文化与课程结合建造"精品馆"，营造出情景相生的大成教育意境场。

第一阶段是理念情景化。学校建成了"大成踏歌"理念文化厅，从远古之歌、时序之歌、词赋之歌到师生之歌，锻造出学校理念文化内张外显的整体气象。

---

❶ 李思圆.生活需要仪式感［M］.济南：山东文艺出版社，2017：88.

第二阶段是课程情景化。学校立足于学生一生的教育，从生涯厅、生涯壁、生涯廊、生涯屏、学涯馆到学子学涯地图，建成彩成生涯馆；立足"大阅读"，用阅读养护心灵，建成"悦城书馆"等；立足"大美育"，建成"艺成美学视听空间"等。场馆文化建设通过展与创、赏与学的形式让课程在学校内随时随地发生，让师生永远葆有一种赏不尽、看不完的期待感。

第三阶段是智慧情景化。《国家中长期教育改革和发展规划纲要（2010—2020年）》明确提出，开展创新人才培养研究。立足传统，望远未来，既是时代的要求，又是学校教育的使命。一方面，学校立体建构了学校资源智慧共享，课堂智慧互动，资源智慧融合的"创客、创阅、创联、创云"四大学习空间；另一方面，学校打通馆院、高校、企业、学校等之间的资源壁垒，采取政府牵头、社区同行、"馆校院企"合作共建的形式，建成区域学生创新教育社会实践基地——创成科技馆。智慧化场馆实现了人才互通、场地互联、课程互享、活动互动。学校大成文化建设着眼未来，尝试一步步翻越传统教育的围栏，与智慧创新教育有效衔接，开辟出校内外融合育人的新途径。

院区合作项目让学校特色更加彰显、学生个性更加张扬、教师理念更加前瞻、学校发展更加和谐。重庆市杨家坪中学的学校文化建设需要时间的洗涤和岁月的研磨，需要不断实践与探索，将永不停步，孜孜以求。

三、重庆市九龙坡职业教育中心"智德文化"建设的探索与实践

（一）实施背景

重庆市九龙坡职业教育中心的前身是1947年爱国学者曹先绪受陶行知先生影响创办的"智能补习学校"。这所学校从创建之初，就一边教授新学，一边掩护中共地下党的活动。1948年，在当时中共地下党龙凤支部的授意下，学校更名为智德中学，立志培养德能兼备的人才，并确立了"求实求新、自立自强"的校训，谱写了智德中学校歌，一直传承至今。学校的办

学历经初级中学、普通高完中、职业高中等多种类型和学段的办学，时至今日，已成为国家中职示范学校、重庆市高水平建设学校，正朝着建设全国"双优"学校和"三全"育人典型学校的目标迈进。加强学校文化建设既是新时期实施素质教育的有效载体、凸显新时代教育办学的重要手段，也是学校管理的一个重要内容，学校在经历了两次跨越式发展后，亟须打造校园文化品牌，走内涵发展之路。

（二）主要目标

九龙坡职业教育中心坚持高品质文化引领学校高质量发展工作理念，以构建扎根传统、立足现实、面向未来的学校文化基本体系为目标，明晰学校文化建设的科学路径，激发全校师生创新创造活力，带动教育教学质量整体提升。

（三）主要做法

1. 深入学习研讨，提炼理念文化

一是通过院区合作平台，积极参加各级各类学习交流活动，取长补短，完成学校文化建设目标和任务。二是面向全体教职员工开展精神力子系统的问卷调查，完善《校园文化建设纲要》。三是召开老校友座谈会，邀请学校创始人及早期的毕业生追溯办学初心，完善党建引领、红色文化传承、知行合一的校园文化理念。四是积极参加中国陶行知协会的相关活动，通过研讨，将行知文化在职业教育中的实践深度融合，构建校园理念文化体系。

2. 规范管理规程，完善制度文化

一是进一步完善学校章程，逐步完善教育教学管理体系。二是以高水平学校治理体系建设为契机，依托院区合作校园文化建设平台，深入标杆学校、行业企业进行调研，于2021年进行组织架构调整，完成内部治理体系改革。三是梳理岗位工作职责和岗位工作流程，规范内部管理。目前已完成涵盖党的组织、行政组织、群团组织共计113个岗位的工作职责和工作流程梳理。四是完成制度汇编，目前已完成涵盖学校党建工作制度、行政管理制

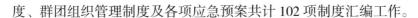

度、群团组织管理制度及各项应急预案共计 102 项制度汇编工作。

3. 丰富校园活动，做亮行为文化

一是开展师德师风建设活动，选树身边榜样，开展"七一"推优表彰等活动，推荐优秀教师代表参加九龙坡区"九龙好人"评选，大力弘扬正能量。二是扎实推进党史学习教育，开展党史知识竞赛活动，建党 100 周年庆祝活动，组织党员参观"聂荣臻纪念馆""周贡植故居"等红色基地，走访石柱县中益乡坪坝村，推动党史学习教育入脑入心。三是以活动为载体，组织开展"智德杯"课程思政教学能力比赛，开设业余党校，开展"中华魂·民族复兴的旗帜""新时代好少年·红心向党"等主题教育活动，将思政教育贯穿教育教学全过程。全体师生进一步在思想和行动上增强"四个意识"，坚定"四个自信"，做到"两个维护"。四是在社会服务中传播校园文化，作为九龙坡区社会实践基地面向全区中小学生开展"大国小工匠"劳动与职业启蒙教育，作为首批重庆市职业教育国际化基地学校，学校 10 名教师考取国际汉语教师证书，为"一带一路"沿线国家提供中文授课。通过各种活动，学校文化在校内外持续发挥影响力。

4. 利用多元载体，创设环境文化

一是充分利用官网、官方微信公众号、LED 电子屏、校园橱窗等线上线下宣传平台，营造良好健康的舆论氛围。二是联合主流媒体报道学校文化建设中的典型事迹，充分展现学校整体工作，提升学校形象。三是经过反复研讨和设计，陶行知雕像和"薪火相传"群雕在校园广场和花园落成，同时，整合各方资源，初步形成学校校史馆、档案馆、图书馆和智德红色广场建设方案，记录和传承红色文化和行知文化，营造浓厚的环境文化氛围。

5. 整合校企资源，打造文化品牌

校园文化是精神家园，决定着学校的价值追求和发展目标。学校深入推进"产教融合，校企合作"，联合优质合作企业持续完善校园文化体系。一是成立校企联合党支部，完善学校文化建设战略体系框架，将企业文化与学校文化有机融合，为形成"三全育人"的格局奠定扎实的基础。二是将专业建设和企业文化深度融合，利用四个"双基地"，建设汽车文化、双创文化、智能制造文化等，让学生感受真实的职场文化，以文化人。三是加大宣传力度，扩大对外影响，近年来，省级、国家级媒体大量报道学校教育教学成果，持续擦亮了以红色文化传承、知行合一为核心的"智德"校园文化特色品牌。

（四）成果成效

经过多年积累，"智德"文化品牌在九龙坡职业教育中心已深入人心，近年来，优秀教师不断涌现、优质学生数量增多、教育质量大幅提升，全体师生政治意识、大局意识、核心意识、看齐意识显著提升。"智德"文化品牌为全体师生夯实奋发向上的思想根基，点亮精神之光。

1.做好思想引领，培根铸魂传承红色基因

重视理论武装，始终将思想政治教育这个根本任务贯穿教育教学全过程，始终将理论学习与育人工作有效结合，始终将红色文化与育人活动紧密结合，助推全体师生坚定理想信念，用理论武装头脑，为全体党员和教职工干事创业奠定良好的思想基础，为学生在"扣好人生第一粒扣子"的关键期树立正确的世界观、人生观、价值观定好思想坐标。学校在不断完善校园文化建设的过程中，构筑全校师生文化生活阵地，近年开展主题活动和思政教育课近百次，为传承校园文化红色基因奠定了扎实的基础。

2.加强队伍建设，造就业务精良先锋模范

实施"智德先锋"领导力提升工程，把骨干教师培养成党员、把党员培养成骨干教师、把党员中的骨干教师培养成中层管理人员，全面提升党组织的政治属性和服务功能。成立"党员突击队"，解决长期困扰学校发展的难点问题和学校重点科研创新课题，帮扶困难教职工、特殊学生和困难班级，开展特别党员志愿服务以及完成临时突发急难险重任务。

近三年，智德技能大赛选拔出一大批优秀师生参加市级、国家级和国际比赛。师生参加职业院校技能大赛共获奖近300项，其中市级一等奖以上68项；参加全国行业新职业工种技能赛获一等奖3项，参加中华人民共和国第一届职业技能大赛获铜牌1项；学生参加创新大赛获得市级以上奖项

348 项，其中国际金奖 4 项，获得专利 68 项。

在党员骨干教师牵头抓科研的积极推动下，学校科研成果显著，学校被重庆市职业教育学会评为"教育科研先进单位"。教师参加教育教学比赛获奖 205 项，其中国家级奖项 73 项；教师教学成果获奖 82 项，其中国家级教学成果奖 2 项，市级教学成果奖 9 项；出版教材、教辅资料 82 本，其中 2 本教材入选教育部"十四五"规划教材。

3. 发挥领跑效应，营造见贤思齐良好生态

在"智德"文化引领下，做好智德师生评选工作，充分发挥优秀师生的领跑示范效应。开展智德师生评选以来，共有 1966 名师生获得"光荣在岗 30 年""先进个人""成绩突出教师""管理之星""服务之星""学习之星"等荣誉称号。在评选的激励下，各专业部力争上游，各教研组比学赶超，各职能部门全力以赴，学校各项事业蒸蒸日上，打造出心理健康教育、双创教育、校园学徒制、社会培训 4 张名片。

近年来，学校开展汽车养护、校外交通安全秩序维护等"我为群众办实事"的志愿服务活动 300 余人次；组织张志强、时逢庆等 167 人次党员教师和 15 人次团员参与疫情防控和山火救灾的紧急支援志愿服务。全体党员教师活跃在"党员示范岗""党员责任区"，执行学校各项决定，全心全意做好师生服务保障工作。彻底解决了党建活动与业务工作联系不紧密现象，化解党员群众互动不足、教师党员引领学生不够、党建与育人的融合不足等问题。

（五）体会与思考

在融合校园历史文化的基础上，深挖环境与文化的育人功能，打造良好育人平台与氛围，围绕理念文化、制度文化、环境文化、行为文化等开展系列提升行动，有效推进学校教育教学工作提升和师生个人发展，以实际成效展现高品质文化引领学校高质量发展工作理念。重庆市九龙坡职业教育中心将以习近平新时代中国特色社会主义思想为指导，围绕培养什么样的人、怎样培养人和为谁培养人的根本问题，全面贯彻党和国家教育方针，落实立德

树人根本任务，坚持"动手动脑、全面发展"办学理念，立足西部（重庆）科学城建设、"成渝双城经济圈"建设和"一带一路"倡议，着力培养爱国敬业、创新图强，有扎实技术技能基础、合格文化基础的新时代大国工匠后备人才。

四、重庆市外国语学校森林小学"绿色文化"建设的探索与实践

世上没有两片完全相同的树叶，也没有两种完全相同的文化。学校文化是学校群体成员在教育教学和管理实践中逐渐积累共同创造生成的价值观念、思维模式、行为方式及活动效果。优质学校文化的生成是建设学校核心竞争力的基石，它使学校充满独特的韵味。

（一）学校文化建设缘起

重庆市外国语学校森林小学建校于 1998 年，"森林"的教育隐喻为绿色生态、万物共长、生机盎然。基于这种理解和认同，森林小学确定了学校文化的核心价值关键词"绿色"，将绿色作为学校文化的基色，寻找绿色文化的根脉，并通过原生态、成长态、生命态表达来阐释"绿色"核心内涵。第一，尊重学生的原生态；第二，助力学生"基础 + 个性"的成长态；第三，实现学生和谐、可持续性的生命态。

（二）学校绿色文化框架

费尔南多·撒瓦特尔在《教育的价值》中指出"教育任务具有保守主义的一面"，在哲学层面，保守主义主张在吸收与同化中有所发展和提升。❶森林小学在践行绿色教育主张的道路上，逐步丰富完善了精神文化、环境文化、行为文化、管理文化，使绿色文化体系趋于立体结构化。绿色环境文

---

❶ 凌宗伟.学校文化与品牌建设的哲学思考［J］.教育视界，2015（23）：12–15.

化，以"儿童立场，拥抱童心"为主题，呈现交往闲暇空间、童趣体验空间、展示秀场空间、心灵沟通空间、酷玩运动空间；绿色精神文化，以"大树理论"为原点，形成校训、校歌、校风、学风、教风等，引导师生像树一样成长，向下扎根，向上开花；绿色行为文化，以学生成长为核心，围绕学校办学目标，立足国家要求，分析学校人的优势，形成家校共育项目、智慧校园项目、课程体系建设项目的特色；绿色管理文化，探索现代教育制度，形成六位一体的管理模式，学校的发展让社区、家长、学生共参与。学校希望在实践中不断优化和丰满绿色文化，以实现从绿色文化的构建到绿色教育的品牌塑造（见图 6-1）。

图 6-1　森林小学绿色文化体系框架

（三）学校绿色文化建设举措

1. 建设绿色精神文化，添森林之底色

学校精神文化是形而上的学校哲学，它回答我们想要创造什么，我们培育什么样的人，我们办学的方向在哪里。作为学校文化的核心，精神文化需要把价值引领演化成师生共同体的具体行为方式，明确直白是第一要义。❶它不限于意识形态，必须用精练的文字和图像清晰呈现。

---

❶　苏忱.学校文化建设刍议［J］.江苏教育，2021（53）：157-160.

　　学校充分发挥管理者的文化继承力和发展力作用，在认真研判和评估已有核心价值"拥抱森林每片绿"的基础之上，对学校文化采取了渐进性变革。学校从校名出发，经过核心团队的"烧脑"，教师的智慧众筹，观察师生日常行为的生长，绘制了学校校徽。校徽是由三棵树组成，一树成木，二木成林，三木成森。中间一棵代表学生，左右两棵分别代表学校和家庭，希望学校和家庭共同呵护孩子的成长。

　　"学校汉字"——绿色看似只是一个词语，实则是学校诸多文化元素的交集，围绕它，可以创造很多有意义的"文化事件"。学校提炼了森林的校训"拥抱森林每片绿"、办学目标"成就每片绿的精彩"、育人目标"培养有根有范儿的文明榜样"、校风"向下扎根 向上开花"、教风"共学·共事·共修远"、学风"真学·真做·真成长"等精神文化体系。并由此生发出属于森林的话语体系：森林不二家、像树一样生长、你最珍贵、有情怀有智慧的森林师者……随着时光的行走，在森林中长出了一棵精神图谱树，每一句都承载着学校的行为方向和一步一步的教育自觉。

　　森林师者在用教育行为践行学校文化精神的过程中，实现着成为一名有情怀、有智慧的师者的目标，自然形成属于森林师者的内涵。一是规则的自觉。学校每个制度的形成都经过广集意见—整体构思—考量旧制—完善制度—学习知晓—实践检验—动态更新这几个程序，教师们明规守纪不逾矩。二是专业的自信。教师在全国、市、区级比赛中屡屡获奖，也在活动的参与中树立起表达和分享自己见解的自信和底气。三是拥抱的风度。教师们面对学校大小活动都发扬团队精神，教研团队、赛课导师团队、课题研究团队、学生活动项目团队等，聚在一起让小森林有大能量。四是品质的态度。正因为森林的作品有质量，教师们的心中也树立了"做就要做好"的共识。在森林师者相互作用下，学校形成"聚是一团火，散是满天星"的团队精神和清新、朴实、温暖的风气。教育是一棵树摇动另一棵树，一朵云推动另一朵云，这样的教师团队影响着学生，影响着家长，也就形成一股精神力量。

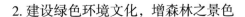

2. 建设绿色环境文化，增森林之景色

苏霍姆林斯基说过："要使学校的墙壁也说话。"一所学校的外显环境要以核心价值取向为底色。森林小学以"儿童立场，拥抱童心"为主题，在所有的校区环境建设和优化过程中渗透"绿色"。同时，环境文化建设遵循发展性原则、参与性原则。❶

森林小学在"螺蛳壳里做道场"，以"儿童立场 拥抱童心"为主题，把整个校园绘制成五大空间地图。交往闲暇空间：在校园里设置雨露亭、生态园、地理园、悦读吧、望果廊等，学校的每个边边角角都根据孩子们的视角去装点，每一处非正式学习空间都成为孩子们的闲暇地。随处可见的小动物给孩子们带来童真童趣。童趣体验空间：学校规划了小菜园，让孩子们做小农夫，发现蔬菜四季生长变化与收获；开辟出创客空间，让孩子们体验创客技能，培养创客精神；开放朗读亭，让孩子们体验做主播的感觉。展示秀场空间：美术长廊是热爱美术的孩子们的高光展示；梦想世界向每一个有展示愿望的孩子打开；绿野仙踪，让孩子们的亮相留下记忆；森林剧场，是各项演出的大天地；学校树上的一朵朵花，为每一位有进步的孩子绽放。心灵沟通空间：学校设立了小校长信箱，孩子们对学校的建议随时投递，并由小校长和校长一起商量处理；悄悄话信箱，孩子们的困惑苦恼随时投递，心灵导师团来解忧；绿色心语室，一对一的私密对话，帮孩子打开心结。酷玩运动空间：在有限的场地中开发孩子喜欢的游戏小场景。

班级环境文化也和绿色一脉相承，学校的每个班级都以一种植物名称作为班名，植物的寓意统领着班级的精神，教师在课堂中引导孩子们了解与植物相关的诗句、文章，熟悉植物特性，从而让植物所蕴含的精神根植于心，进而形成各班级的名言。教室环境布置也由这种植物生发而成。此外，学校的标识文化也系统地呈现，班牌、各种指示牌、吉祥物、标识牌等让物态环境与绿色达到潜移默化的契合度，实现环境育人的目的。

学校绿色环境文化的规划建设，增添了森林之景色，每一景都有自己独特的

❶ 方坚荣. 试谈学校环境文化建设原则：以洛溪新城小学"水品"文化环境建设为例［J］. 读写算（教研版），2014（6）：147.

颜值，每一景的表象背后都折射出学校的教育表达。

3. 建设绿色行为文化，显森林之特色

促进发展是现代学校文化建设的根本目标。行为作为思想与实际的具体连接点，是实现文化建设目标的重要载体。行为文化建设的关键点是用理念来改变师生的行为方式，落脚点是改善师生的生命状态。❶ 森林小学以亲近生活课程体系、实施大树式家校共育模式、构建绿色评价体系等为发展路径形成自身不断循环前进的过程，保障特色活力持续全开。

路径一：实施"135X"教师修远计划。一年入格，围绕站稳课堂核心点进行新教师课程培训；三年升格，通过青蓝工程等路径修炼教师课堂观察、诊断命题、自制课件、个别化辅导、家校沟通、过程性评价六项基本功；五年优格，通过慧分享、研究共同体建设、课题研究、项目领衔等路径，让教师成为骨干；"X"通过自助式与他助式相结合的方式，助力教师逐步形成自己的教学风格，拥有更深厚的专业自信，让教师成为第一资源激发学校绿色发展动力。

路径二：亲近生活课程满足"基础 + 个性"发展。在生活教育理念的指导下，森林小学立足培养"有根有范儿的文明榜样"，以"阅读素养、思维素养、健康素养、审美素养、科学素养"为培养根基，把学生品格养成和绿色知行贯穿教育的全过程。在忠于国家课程设置和价值取向的前提下，探索形成由基础课程、拓展课程、特色课程三个课程群组成的"亲近生活"课程体系。亲近生活课程实施坚持三化原则：生活化实施涵盖五个领域的基础课程，差异化实施三个类别的拓展课程；精品化实施整本书分类阅读和绿色手工课程为主的特色课程，最终落实学生"基础 + 个性"绿色成长的重点任务（见图 6-2）。

路径三：实施大树式的家校共育模式，形成家校绿色生态场。学校通过创新家长培训机制夯实根基、打通家校沟通强壮枝干、齐抓共管茂盛枝叶等具体举措，形成"大树式"家校共育模式。学校先后被命名为重庆市家庭教

---

❶ 凌宗伟. 学校行为文化建设的思考与实践 [J]. 中国教育学刊, 2010（9）: 58-60.

图6-2 森林小学"亲近生活"课程体系框架

育创新实践基地、重庆市家长学校示范学校。

路径四：智慧校园建设为教育教学提质增速。学校从智慧管理、智慧评价、智慧体验、智慧课堂四个维度构建智慧校园，特别是通过构建绿色评价，突破绿色发展中的关键难点。学校聚力研发"豆豆成长"学生综合素质评价系统，评价内容体系聚焦五育，包含品德发展、学业发展、身心发展、审美素养、劳动实践、个性成长6个维度，23个观测项，若干个观测点。采用全息智能评价数据的采集模式，强调全方位、全过程，将评价对象放在真实的、常态化的环境中，多维度获取数据，直观地呈现每一个学生的成长状况。不是只见一点绿，而是拥抱森林每片绿。为让"双减政策"和"五项管理"真正落地，在"豆豆成长"综合素质评价系统中专门设置"五项管理"专栏，包括家校沟通区、21天好习惯养成区、体质健康档案区、我型我秀区、作业管理区，对在手机使用、科学睡眠、校外运动等方面坚持得好的学生进行适当评价赋分，促进学生的自我管理和良好习惯的养成。

学校的相关实践成果被评为重庆市基础教育信息化应用典型示范案例，"豆豆成长"学生综合素质评价系统获得国家版权局授予的计算机软件著作权证书。学校先后获得重庆市教育信息化先进单位、重庆市智慧校园建设示范、重庆市网络绿色公益校园等荣誉称号。

4.建设绿色管理文化，遇森林之悦色

学校管理文化的有效分解与价值表达，是积极推进学校文化秩序、文化具体、文化落实、文化绩效乃至文化持续的基础和保障。❶

森林小学以绿色管理构建共生共长的绿色关系场。学校校训"拥抱森林每片绿"，传递的正是人与人之间关系的和谐包容。学校探索以"拥抱"为主题的校园关系模型，强调生生拥抱那是互相帮助与包容，师生拥抱那是互相尊重与信赖，家校拥抱那是互相理解与合作，师师拥抱那是共学共事共修远。学校实施建立"校长—党支部—行政会—教代会—家校议事会—小校长"共同参与的六位一体的管理机制，学校的事情共商共议，大家共同为学校发展助力。

做有色彩的教育，办充满绿意的学校，收获学生绿色成长的"GDP"，森林小学以绿色校园文化建设为着力点，落实立德树人根本任务，诠释好的教育就是森林的样子。

五、重庆市九龙坡区实验一小教育集团"归原文化"建设的探索与实践

一所学校的特色定位，应该与全校师生的学习生活息息相关，它应该融入师生生活，浸润师生思想，得到社会广泛认可。基于这样的认识，重庆市九龙坡区实验一小教育集团（以下简称实验一小）积极探索理念立校、文化治校、课程强校、良师兴校的学校文化发展战略，致力于将学校文化凝练为最鲜明、最具竞争力的办学特色。

（一）理念归原，以人为本构建学校文化体系

1.追寻学校文化体系的根源

文化，它一定是有根、有源的。构建学校文化体系，实验一小积极探寻

---

❶ 关尚敏.学校管理文化的有效分解与价值表达［J］.现代中小学教育，2014（9）：4-5。

学校发展根源。实验一小始建于 1988 年 7 月，原名九龙坡区西郊小学。首任校长周立军倡导"德育为首 整体育人"。1993 年，更名为重庆市九龙坡区第一实验小学。1998 年，学校确立"为育人发展，育发展的人"为办学理念，探索"发展教育"。2003 年，学校秉承"让教育充满阳光"的办学理念，实施"阳光教育"。建校以来，学校历经了"整体育人""发展教育""阳光教育"等为办学理念的发展阶段，无论哪个阶段，实验一小追求以人为本的发展理念从未改变。

构建学校文化体系，实验一小紧跟时代的脉搏。学校组织全体教师深入学习习近平总书记在全国教育大会上的讲话、习近平总书记关于教育的重要论述等精神，深入学习《中国教育现代化 2035》《深化新时代教育评价改革总体方案》《关于进一步减轻义务教育阶段学生作业负担和校外培训负担的意见》等政策文件精神，牢记"培养德智体美劳全面发展的社会主义建设者和接班人"，努力把握新时代对教育提出的新要求，摒弃短视功利、褪去浮躁、破除五唯、遵循规律、回归本质。

在对教育本质追寻与时代呼唤背景下，在传承和发展中，学校以"归原"为文化主题，意在回归教育的原点——人的成长，去研究教育的现象与问题，回归育人本原，追求每一个人在教育的过程中能够求真、行善、尚美，从而提升人的生命质量与价值。

2. 制定文化体系建设发展规划

文化体系建设是一项系统工程，需要进行全面、整体、长远规划。为有效推动学校文化体系建设，实验一小制定了文化体系建设"一二三四五"发展规划。

"一"：秉承一个教育哲学，即归原、致远。

"二"：坚持两条路径，即实施"九大理念、九项实践"九九归原文化育人行动。

"三"：文化统领教育集团三校区一体化管理，推动西郊校区为孵化区，燕南校区为实验区，江州校区为精品区的特色化发展。

"四"：实现教育集团"四化"发展目标，即集团规模化、管理现代化、教师专业化、学生个性化。

"五"：促进学生"五维"成长，即培养学生拥有"强健的体、灵巧的手、聪慧的脑、明亮的眼、温暖的心"。

3.完善学校文化建设体系

"归原"文化建设的两个维度是理念系统和实践系统。理念系统包括核心理念、办学追求、办学目标、学校精神、校园文化、课程理念、教学理念、人才理念、管理理念九大理念，实践系统包括思想建设、制度建设、课程建设、干部锻造、教师提升、学生发展、资源保障、机制保障、评价保障等九项实践，我们称之为"九九归原"。理念与实践相结合，让学校文化建设有根有魂。

九大理念具体包括：以"筑基每一个人的美好未来"为核心理念；形成"有境界的教育、有格局的教育人"的办学追求；凝练出"立足脚下、力争上游"的学校精神；确立了育人目标"走向世界的中国人、开创未来的现代人"；坚持"打开一扇门"的评价理念和"适合学生、适应未来"的课程理念；遵循"为未知而教、为未来而学"的教学理念；以"终身学习者、独立思想者、未来创造者"为人才理念，"尊重生命、尊敬教育"为管理理念。

核心理念"筑基每一个人的美好未来"，追求有教无类、因材施教、人尽其才的教育本质。这是学校工作的原点，亦是圆心，它统领着全校上下的价值取向和行为方式。

（二）实践归原，以文化为统领构建学校实践体系

如何避免学校文化的浅层次表达，深入思想层面、精神层面、教育信仰层面的建构，让学校文化有形更有神。实验一小认为以下几"点"尤其重要。

1.建支点：环境归原——人文性与教育性融和

物理环境是学校文化直观、外显的表达。学校建筑风格要体现和谐雅致，植物绿化要呈现生态多样，文化融入要凸显协调性与教育性。在实验一小西郊、燕南、江州校区里，随处可见外形为琼、内刻阳文九叠篆字"壹"

和阴文"门"而组成的校徽，"归原·致远"理念石，"筑基每一个人的美好未来"的核心理念……通过校徽、校旗、校歌、标准色、标准字等标识系统的建立，理念石、形象墙、文化雕塑、文创产品、班级文化等统一的文化符号，统一的环境创设理念在各校区、各年级、各班级同根共源而又个性化地呈现，让学校文化看得见、摸得着，随时随地影响着师生的思想、行为和生活状态，发挥着物理环境潜移默化的育人作用。

人文环境是学校文化重要、隐性的表达。和谐的家校关系、干群关系、师生关系、生生关系，良好的校风、教风、学风、家风，是孩子们成长最重要的人文环境。

学校致力于干部锻造培养，构建"345"干部成长体系，即有能力、有动力、有定力的"三力"选拔机制，看得见、说得清、搞得定、做得到的"四得"管理要求，高站位、宽视野、短时间、长效益、大格局的"五维"成长追求，让"尊重生命、尊敬教育"的管理理念，从儿童视角、孩子体验、学生需求出发的价值追求得以实现，干部们积极作为，敢于担当，成为走在队伍前列的人。实验一小构建做真心实意、真抓实干、真才实学、真情实感的"真实"教师发展体系，让教师都能坚守"爱生如子，爱校如家"的教师文化，教师们倾心研究教育，积极投身改革，成为学校离不开的人。学校形成"共同制定、共同遵守、共同管理"的制度建设体系。例如，教师职称评审办法、工作流程，几经讨论、几经修改，全校教师深度参与。2020年，在竞争激烈的高级教师职称评审工作结束后，一位非常在意、连续几年申报评审的老师谈道："这次虽然没能评上高级教师，但现在我没有情绪和抱怨，内心觉得很平和。"学校制度体系，成为大家共建共守共享、高度认同的标尺和行为准则。在学生管理方面，学校推行"班级自治、学生自理、人人自觉"学生自主管理机制，班级文化建设、校园图书角、课间活动、社团活动等常规管理、校园活动都由班级、学生自主管理、自主组织，激发学生内驱力、责任心，学生成为校园活动真正的主人。

构建起和谐共生的人文环境，让学校文化看不见但感受得到。干部、师生有了趋同的价值取向和行为方式，从而把学校文化转化为教师的行动力、学校发展的生产力。

2. 抓重点：课程归原——适合学生需求、适应未来需要

课程建设最能体现学校文化的价值取向和精神内涵。课程是学校文化软实力的重要标志，也是最基本、最广泛、最普遍的学校文化。要落实立德树人的根本任务，培养德智体美劳全面发展的社会主义建设者和接班人，需要以课程为落地点。在"归原"文化引领下，围绕"筑基每一个人的美好未来"的核心理念，学校将德智体美劳全面发展的培养目标校本化为培养学生"强健的体、灵巧的手、聪慧的脑、明亮的眼、温暖的心"五个维度，简称"五维"目标，以校本化的"五维"目标落实国家的"五育"目标。

围绕"体、手、脑、眼、心"五维培养目标，构建"归原"课程体系。以目标为导向，将学科课程、社团课程、主题活动课程、环境课程等整合为"健体课程、巧手课程、慧脑课程、亮眼课程、暖心课程"。健体课程侧重体能、技能与体魄的培养，巧手课程侧重动手、实践与探索的培养，慧脑课程侧重知识、素养与思维的发展，亮眼课程侧重目标、视野与思辨的培养，暖心课程侧重思想、品行与情怀的培养。通过必修式学科课、自助式选修课、体验式德育课、主题式活动课落实"五维"培养目标。

3. 聚焦点：评价归原——打开一扇自我激励成长之门

习近平总书记指出，学生培养得怎么样，要看拿什么样的尺子去衡量，以什么样的眼光去发现。每个学生都是独一无二的个体，禀赋、才能、爱好和特长不尽相同。要尊重学生、理解学生、信任学生、激励学生，公平公正对待学生，相信每一个学生都是可塑之才，善于发现每一个学生的闪光点和特长。

在实验一小，学生每学期制定学期规划卡、成长卡，个性化设置成长目标、记录成长过程；家长每学期完成家庭评价手册，记录家庭成长，实施家庭评价；学校以"打开一扇门"为主题，实施"争章行动"。设置"健体、巧手、慧脑、亮眼、暖心"金钥匙，个性化定制的金钥匙奖，引导孩子们打开一扇又一扇的成长之门。集齐金钥匙奖，兑换五维之花、争取学校的第一奖章、登上校史室的荣誉榜，成为激励孩子们成长的阶梯式评价体系。

孩子们全程参与整个评价机制的设计与制定过程。按照孩子们的想法，健体之花是绿色，因为生命是绿色的；亮眼之花是蓝色，因为天空和大海是蓝色的……符合儿童心理、个性化定制、阶梯式激励的评价方式，发挥着正向激励、自我激励的作用。

健体、巧手、慧脑、亮眼、暖心的"五维评价"为学生成长打开一扇又一扇门，以学生为本、关注个性、尊重差异，形成全面发展、个性发展的评价导向和育人导向，促进学生全面发展、健康成长。

在"打开一扇门"主题评价的激励下，在"班级自治、学生自理、人人自觉"的自主管理理念下，学校常规管理、学生活动实现了自主管理、自主实施。

棋王争霸赛、琴王守擂赛、海报达人赛等 20 个微竞赛，学生自主组织报名、安排选拔、评选表彰。红领巾微社团，由有特长的队员自主申报、自主招募成员，成立 3—5 人的小社团。每天清晨，乒乓球微社团在运动场上挥汗如雨，课间午间，校园里随时流淌着"知音"微社团的悠扬琴声……楼层管理员、图书管理员、安全小卫士、小小膳食家、少先队活动……学生在校园和班级的各个领域实施"自治、自理、自觉"，逐渐形成"活动自己办、社团自助选、行为自己管"的新形态。

（三）特色归原，让学校文化成为学校最鲜明的特色品牌

学校文化是学校的灵魂。把学校办出特色，就是铸造学校的灵魂。聚焦每一个孩子全面而有个性的发展，在办学过程中形成的学校文化色彩与风格，就是学校最显著的特色。

在学校归原文化浸润下，学校办学特色日趋显著，办学影响力日益扩大，办学成果受到社会广泛关注，《中国教育报》《光明日报》及新华社等十余家主流媒体多次报道学校的办学特色、文化建设等。学校多次获国家级、市级表彰，获评全国青少年篮球特色学校、中国少年科学院科普基地等多项特色学校、基地学校命名，学生在全国啦啦操、市级射击、游泳、围棋比赛中多次荣获冠军，获得两届区长创新奖、两届宋庆龄基金会金奖，学校合唱

队、舞蹈队、话剧社、创客组频频登上市区舞台。到访的各界人士对学校的办学思想、校园文化印象深刻，高度认可学校文化建设成效和文化育人特色建设。

在实验一小，"归原"文化是一种由内而外的共识，是一种点点滴滴的生活，是一种美好状态的追求。学校文化体系一旦形成，会产生强大的教育力量，形成响亮的教育品牌。实验一小将进一步落实全区教育"五五行动"，聚焦"做特小学"工作任务，扎实推进"一校一品"发展行动，围绕集团规模化、管理现代化、教师专业化、学生个性化的"四化"发展目标，促进学校内涵发展，努力做亮学校文化品牌，全面提升育人质量，为建设新时代教育强区继续奋斗。

六、重庆市九龙坡区华福小学"幸福教育"建设的探索与实践

幸福作为人生的目的和权利，具有恒久而常新的意义，人们的一切行为无不是追求幸福的行为，人类的发展史就是一部对幸福的追求与探寻史。华福小学在中国教育科学研究院、区教委和区进修学院指导下，深度加工学校文化建设精神力子系统，系统构建执行力子系统，升级打造形象力子系统，逐步推进、落实、做深校园文化建设工作，在追求幸福教育的路途上，不断探索。

（一）夯实基础，让学校党建"亮"起来

一是聚焦党建主业，履行党建主责。认真履行管党治党责任，始终把抓好党建作为政治任务，坚持把党建工作与其他工作同部署、同推进。

二是聚焦重点工作，抓好关键环节。按照区委教育工委统一部署，扎实开展主题教育，将主题教育与完善制度、党员活动及网络教育相结合，打造线上线下学习阵地。

三是聚焦群团工作，增强党员队伍战斗力。通过各种形式多样的活动，增强团队凝聚力、战斗力。

（二）深化改革，让机制体制"活"起来

一是深化教育教学改革。以课题研究为抓手，通过开展课题研究带动课堂教学改革，让课堂教学改革始终在一种浓厚的科研氛围中进行；不折不扣落实"双减"政策，提高课堂效率，不增加学生的课业负担，通过调动学生的学习积极性，转变学生的学习方式，培养学生良好的学习习惯，提高学生的学习能力。

二是深化教学管理机制改革。创新教学管理制度，对教师备课的要求不仅仅是备教材、备教参、备教法，除了设计教案，还要为学生设计分层的学案，同时把教学反思作为备课的一个重要环节抓实抓好；完善领导干部深入教学一线的制度，确保学校领导干部抓教学、靠教学。

三是积极推进学校内部管理体制改革。以学校精神力系统为基础，对已有管理制度进行改革，以契合学校教育主文化。如本着创建"四同"团队的原则，建立和健全公平、规范的评价制度，实行定性与定量、过程和结果、自评与他评相结合的评价模式，定期对学校各项工作进行自检、自评，定期对教师的工作进行评价。整个评价注重过程评价，注重从起点看变化，注重集体评价，鼓励良性竞争，整体推进，倡导打团体战，实行教研组捆绑考核。

（三）点线面结合，让特色发展"现"出来

确定适合学校的特色品牌，才能在特色的道路上长久地走下去，才能做亮特色的品牌。利用"点线面"结合的方式，让学校的特色逐步显现出来。

1.起始点催生文化特色

"点"即成立的起始点，也可以说是学校成立的初衷。在打造学校特色品牌时，我们必须追根溯源，弄清学校存在的意义。首先，从校名上看，"华福"从字面理解即为"华夏幸福"或者"中华幸福"。"华福"二字体现了人民群众对于幸福社会、幸福生活的美好向往。华福小学从命名的那一刻起，就与"幸福"发生了天然的联系。华福小学以校名为切入点，提出"幸福教育"，与本身文化具有更高的契合度，同时符合人民群众追求幸福的价值诉求和对学校教育的朴素期望。

2.历史线促成幸福教育

"线"即发展的历史线。每一所学校的发展，都只是国家发展洪流中的一朵细小的浪花。2012 年 11 月 15 日，习近平总书记在中外记者见面会上强调，人民对美好生活的向往，就是我们的奋斗目标。2017 年 12 月 31 日，习近平总书记在 2018 年新年贺词提出，幸福都是奋斗出来的。在这样的时代背景下，"幸福教育"作为一种将幸福视为最核心和最终极的价值理念的教育，是塑造和培养具有正确的幸福观和足够的创造幸福能力的人的主要路径，深度契合了新时代中国特色社会主义的价值诉求，是实现中华民族伟大复兴的重要组成。

3.区域面确定核心思想

"面"即所在的区域面。学校教育与区域环境紧密相连，如在此区域生活的学生们，在此区域的教师们，都对学校的发展有极其重要的影响。华福小学 2012 年建于九龙坡区新开发的边缘区域，地理位置较为偏远。作为一所新兴的城乡一体化小学，学校生源绝大部分为外来进城务工人员的子女。很多学生父母忙于工作生计，在家庭教育方面有心无力。另外依据学校对几个班级学生家庭的调查统计，单亲和重组家庭占比高达 40%。这些情况对于学生的成长都具有不可忽视的影响。这样的学生群体需要更多的关注和爱护。如何通过学校教育使学生保持心理生理的健康成长？如何通过学校教育弥补父母关怀的缺失？如何通过学校教育促进家庭教育的改善？这些都是华福小学需要面对的特殊问题。由于成立时间短，大部分教师都是抽调或者公招的年轻教师。年轻的团队意味着活力和朝气，也意味着躁动和迷惘。学校的任务不仅在于培养学生，也需要培养教师。如何稳定教师队伍？如何巩固教师对教育事业的认同感？如何增强教师对华福小学的归属感？如何真正做到让教师在工作生活中得到人生的发展和生命质量的提升？这些也是华福小学亟须解决的问题。所以，基于此学校确定了"幸福教育"的核心思想，就是为了给师生带来更多幸福的能量，让教师能够"教幸福"，也能够"幸福

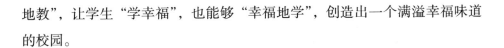

地教"，让学生"学幸福"，也能够"幸福地学"，创造出一个满溢幸福味道的校园。

（四）主线育人，让"大小先生""动"起来

陶行知先生说，不能"小看"小孩子，儿童是平等的"小朋友"，是"小先生"，是生命的小主人。教育家李镇西老师曾赞誉陶行知先生有大道德、大理想、大胸襟、大思想、大学问、大智慧，这样的教育者是"大先生"。学校的主人就是师生，就是这些"大小先生"。要让学校特色发展逐步显现出来，首先需要"大小先生"动起来。在此基础上，学校以创设教育主线的方法，创新育人的方式。

一是围绕"三品小先生"，助推学生习惯养成。以"十个幸福好习惯"为主要抓手，研发校本教材，利用十个"幸福主题月"活动，助推学生品格向上向善，落实"小先生"品格教育；从"自我服务""校内劳动""家庭岗位""公益活动"四个方面开展劳动教育，以"四小"幸福劳动——小园丁、小渔夫、小书虫、小农夫为依托深化"小先生"品行教育；建立学生社团，提供多样性服务，提升学生审美能力，丰富"小先生"品味教育。

二是围绕"三雅大先生"，力促教师引领示范。引导教师充分尊重学生成长规律，做学生自主探索的支持者，建构"五育并举"的育人机制；组织教师积极参加各类赛事，积极营造好学向上的校园氛围，以身作则做学生的引路人，践行"幸福都是奋斗出来的"校训；号召教师从课堂走向课外，参与社会公益活动，如社区宣传环保活动、担任新冠疫苗接种志愿服务者等，做社会精神文化传播者，搭建好家、校、社之间的桥梁。

（五）体育特色，让学校氛围"乐"起来

1. "三融"课程化

一是融进校本课程资源。根据国家课程计划，结合小学生年龄、身心特点，制定符合学校体育教学实际的具有基础性、趣味性、观赏性和有效性的篮球校本教学课程资源。

二是融入课堂教学实践。将篮球运动作为学校体育课的重点教学内容，每位体育老师每周每班至少上一节篮球课，以观摩、实践、理论学习为载体，增强学生对篮球运动的兴趣。

三是融会学科发展研究。在各学科中融合篮球团队精神、全面了解篮球运动的特点，让学生树立正确的体育思想，强化团队意识，培养积极向上的人生态度，为健康成长奠基。

2. "三拓"常态化

一是拓宽篮球活动舞台。学校教师创编了一套包含运球、传球、投球、交叉换位等篮球动作的课间操作为大课间特色操，让大课间真正成为学校师生强健体魄、锤炼本领的舞台。

二是拓展幸福主题教育。在学校幸福主题教育月中举行一次"HBA"联赛（H–华福小学，B–Basketball，A–Association）活动，以班级为单位参赛，分年级和组别比拼篮球自创操与竞技才能，推进学校体育特色向纵深发展。

三是开拓明星篮球社团。利用课后服务开设不同性别、不同学段、不同等级的篮球社团，培养一批篮球小明星，示范引领，促进体育锻炼自主，并营造团结、拼搏的健康校园氛围。

3. "三动"多元化

一是牵动亲子篮球游戏。把篮球趣味活动分年级布置成每天的课后亲子作业，在观看篮球联赛和一起技能练习中减少对电子产品关注，加强亲子间的沟通，让其成为亲情传递的纽带。

二是联动校际篮球比赛。组织教师、学生与其他学校不定期开展校际篮球联赛，在拼搏、突围、坚持、握手中收获友谊，分享快乐，让身心的健康从课堂走向课外、从校内走向校外。

三是带动社区篮球活动。在寒暑假时，派出体育教师在社区内免费开展篮球训练班进行社区授课，让孩子们的课外生活更丰富，团队合作意识更强大，全方位提升综合素质。

当然，追求幸福教育的漫漫长征路，才踏上征途，学校项目组将继续坚持"博达致远　宁静和美"的师风，建设"心怀感恩　相信美好"的校风，营造"乐学善思　立志向上"的学风，积极投入学校文化体系建设工作，力争做亮学校特色品牌，建设新时代幸福校园。

后　记

本书是中国教育科学研究院基本科研业务费专项资金院级教育改革与实验专项"新时期学校文化建设路径研究——以重庆市九龙坡教育综合改革实验区为例"（立项批准号：GYH12022002）的成果之一。

该项目为中国教育科学研究院教育法治与教育标准研究所集体项目，主要执行人为赵小红。项目研究设计、论证研讨、全书统稿与修改由赵小红负责，项目联络与推动由刘晓楠、郭潇莹负责，马毅飞协助开展了部分工作。项目推进过程中，得到了教育法治与教育标准研究所所长杨润勇研究员及部门全体同仁的大力支持，得到了中国教育科学研究院李继星研究员、李铁安研究员、徐金海研究员、李红恩博士、方铭琳博士、刘巧利博士、郄芳博士等专家的悉心指导，得到了中国教育科学研究院相关领导及办公室、教育实验协作处、科研处、《中国德育》杂志社等部门的大力支持，在此一并致谢！

各章执笔人如下。第一章：赵小红。第二章：王娇娇、朱楠。第三章：郭楠楠、朱楠。第四章：赵小红、冯雅静。第五章：赵小红、王占旭、刘晓楠、郭潇莹、马毅飞、彭静、陈慰、何生宏、陈远霞。第六章案例一：侯静、邹景琴；案例二：胡姗、邹景琴；案例三：雷静萍、汪然；案例四：刘星、汪然；案例五：何军、涂敏、张志华；案例六：傅娜、张志华。第六章由王占旭统稿与指导，郭潇莹参与了指导修改。杨润勇研究员对研究设计及书稿完善提供了指导。

　　本书的出版得到了中国教育科学研究院、重庆市九龙坡区教委、重庆市九龙坡区教师进修学院、九龙坡区各中小学，以及知识产权出版社的大力支持，特此致谢！

赵小红

2022 年 10 月